アイデアをサポートする

自由英作文読本

書くべき内容が尽きて困っているキミのために。

河合塾SERIES

河合塾講師
松延 正一 著

Kathryn A. Craft 英文校閲

河合出版

はじめに

■ この本は世に言う「自由英作文」の答案作成のメソッド（手法）を伝えるために書かれました。

誰もが，答案を書いている途中で経験する状態があります。それは

「次に何を書けばいいのか？」

です。このような「ネタ切れ」の状態を回避するための「知恵」と「技術」を提案してあります。

■ そのために「書くべきネタの側面」という「視点」を用意してあります。

「書くべきネタの側面」

これは答案を書いているときに，必ず誰もが経験する「思考停止の打開策」となるものです。

「語数を増やせない，どうしたらいい？」

という悩みにきっちり答えた書になっているわけです。

■ 本書に設定された「初級レベル」と「中級レベル」で十分なメソッドが手に入るようになっています。

また「上級レベル」と「最上級レベル」は，難関大学や特殊な問題に対応するように書かれています。

ぜひ本書を熟読して「スムーズに思考が展開できる」状態を作っていただきたいと思います。

もくじ

「自由英作文」は「意見型英作文」

Explain your idea in English.
(あなたの考えを英語で説明しなさい)

　このような指示のある問題を「自由英作文」と一般的に呼びます。「自由英作文」と呼ばれてはいますが「意見型英作文」です。

ときどき **「自由だから何を書いても OK」と思っている人がいますが，違います**。大学は自由英作文とは呼んでいません。「自分の意見を展開する Essay（エッセイ）」です。

意見には説得力が必要

　「意見」とは相手を納得させるために述べるものです。**読んでいる人（採点する人）を「なるほど」と思わせなければ高得点は望めません**。つまり「説得力」が重要な「採点基準」となるのです。

```
《自由英作文とは何か》

      ・意見型英作文

      ・説得力が勝負
```

説得力のある答案に「レベルの高い単語や表現は不要」 です。なるべくシンプルに（できれば中学レベルの表現で）書けば OK です。簡単な単語や表現でも「すばらしい内容の答案」を書くことは十分に可能です。

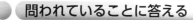

● 問われていることに答える

　問題には書くべきことについて「指示」があります。その「指示に従って答える」のは，当然と言えば当然です。

けれども，**よく見かける答案に「書いているうちに問題の指示からズレていってしまった」**ものがあります。また**「問題文が何であれ，自分の想いや体験を書けばよい」**と考えているような答案も見かけます。

こういった答案は「自由ではない」ことを知らないことによる「NG（ダメ）答案」です。

与えられた指示からズレてしまった答案は「0点」です。指示違反だからです。また説明に一貫性がなければ高い評価は得られません。意見には説得力が必要だからです。

《採点対象となる答案》

問題の指示に正確に答えたもの

問題文を正確に読みとる

　正確に問題に答えるには「正確に問題文を読みとる」ことが前提となります。

ところが「最近の問題文のトレンド」は「読みとりが難しい」あるいは「何を答えていいのかわかりづらい」ものも少なくありません。

次のような「単純な問題（古いタイプ）」はほぼ絶滅していると考えてください。

旧式の問題例

> あなたが今まででもらったプレゼントで心に残っているものを1つ挙げて，〇〇語程度の英語で説明しなさい。

つまり「子どもに尋ねるような問題」を出題する大学はなくなりつつあるわけです。正しく対策しておかなければ，短い時間で答案をまとめるのは，難しいかもしれません。

《最近の問題傾向》

- **問題そのものの読みとりが難しい**
- **何をどう答えてよいのか悩ましい**

● 答案でやってはいけないこと

　まず問われていることに答えて書き出しましょう。そこで NG な書き方を 2 つ紹介しておきます。

《やってはいけない答案の書き出し》

（×）問題文をコピーして書き始める

（×）理由の数を宣言して書き始める

具体的に説明します。

問題例

> Some people insist that Japanese students should study in a foreign country while they are in college. Do you agree or disagree with this idea? Write your opinion in English in about 100 words.

これが出題された問題文だとします。

まず「問題文をコピー」の NG 答案を紹介します。

■ NG の答案例の書き出し

（×）I agree with the idea that Japanese students should study in a foreign country while they are in college.

下線部が「問題文をまるまるコピー」したところです。これはダメです。

このように問題文をまるまるコピーしてしまうのは，おそらく「word 数（語数）」を増やすのが目的だと思います。

しかし，日常的に考えてもこれはオカシイですね。尋ねられた質問をそのままくりかえすのは無意味です。このような丸ごとのコピーで「説得力」が高まるはずもありません。

質問に対する答えは「シンプルに」が鉄則。たとえばこの問題の問いかけ（大学生が在学中に留学すべきという意見に賛成か反対か）に「反対」であるなら，まず次のようにスパッとシンプルに答えてください。

（○）I disagree.

これが答案の書き出しとして正解。質問にはできるだけシンプルに答えましょう。

問題文など丸写しせずとも「語数を増やす方法」はいくらでもあります。

次にもう１つの NG について説明します。「理由の数の宣言」です。

■ NG の答案例の書き出し
（×）I disagree.　There are three reasons for this.

これは避けたほうがよいでしょう。「これには３つの理由がある」という「理由の数の宣言」です。この文はムダであるだけでなく，デメリットをもたらします。

「理由が複数ある」と宣言して書き始めるデメリットは次の通り。

《理由の数を宣言するデメリット》

- 自分で自分の答案を束縛することになる

- 複数の理由を考える時間がもったいない

たとえば「3つ理由がある」と宣言してしまうと「答案中に必ず3つの理由が必要」となってしまいますね。ところが，**答案を書く前に「3つの理由」を考えるのは，かなり難しいので，そこで時間を消費してしまいます。**短い時間に「できるだけ説得力の高い答案を書く」ためには**「まず1つの理由」を考えることに集中**しましょう。

なお，書いている途中で「別の理由」が思いついたなら「Also, …」などで書き足せば OK です。

《書き始めに考える「理由」の数》

1つで十分

問題文に「理由を2つ書きなさい」という指示があれば，2つの理由が必要となってしまいますが，その場合にも「まず1つの理由」から考えて書き始めればよいでしょう。また，指示に「2つの理由を書きなさい」とあれば，答案に「これには2つの理由がある」と宣言するのはまったく無意味です。

答案の書き方で注意すべきこと

解答用紙への書き方のことで，注意すべき点があります。

《答案を書く場合の注意点》

① 「小さすぎる文字 / 大きすぎる文字 / 読みにくい文字」は NG

② 「意味のない改行」は「段落を変えた」ことになるので NG

③ 「語数（word 数）」を明記する指示があるときは正しく数える

とくに②には注意が必要です。たとえば解答用紙が左端から右端まで 13 センチあったとします。**ときどき 1 つの文をピリオドで書き終えるごとに，行の途中**（たとえば 7 センチぐらいのところ）**であっても，次の行へ変えてしまう人がいますが，これは NG。**「行の途中にピリオドで終えての改行」は「段落を変えるとき」のみです。ムダな改行をしないように注意してください。

また語数は正確に数えましょう。たとえば I need to see you. なら 5 words（5 語）です。数語のカウントミスは大きく間違ってしまうと「減点対象」となってしまう可能性があります。気をつけてください。

以上のことを知った上で，この本を読みすすめてくだされば幸いです。**「よい答案をスムーズに書く」ためのコツ**をつかんでもらえるはずです。

では，**「ネタ切れを防止」**しつつ**「説得力のある答案」**の作成方法を学んでいきましょう。

説得力を高めるために，次のことを知っておいてください。

> ・説得力は因果関係によって高まる
>
> ・因果（原因と結果）は時間の流れで考える

原因は，時間軸で考えれば先に存在し，結果は後に生じます。

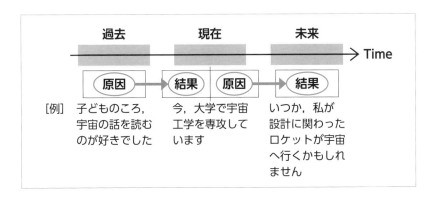

	過去	現在	未来
	原因 →	結果 原因 →	結果
[例]	子どものころ，宇宙の話を読むのが好きでした	今，大学で宇宙工学を専攻しています	いつか，私が設計に関わったロケットが宇宙へ行くかもしれません

過去のことが原因となって，現在がその結果となります。また現在のことが原因となって，未来がその結果となります。

この本では時間軸を使って答案を組み立てていくことを伝えます。ぜひ，「因果関係」は「時間軸」で考えることを知っておいてください。

DAY 1 「時間の側面」から考察する

　この世の中にあるものはすべて「時間軸」に沿って生じています。時間は大きく分ければ「過去 / 現在 / 未来」です。それぞれ 3 つの時間が書くべきネタを与えてくれます。

例題 1

　もしもあなたが外国にしばらく暮らすとしたら，どの国を選びますか。
またその理由は何ですか。あなたの考えを 100 語程度の英語で説明しなさい。

まず，**質問にシンプルに答えて**，**理由を 1 つ加えてみましょう**。たとえば次のように考えたとします。答案の書き出し例です。

Step 1 ■質問への答えとその理由

　アメリカで暮らしてみたい，なぜなら英語を話すことを学ぶことを望んでいるからだ。

　I want to live in America because I hope to learn to speak English.

（合計 14 words）

これで，質問に対する答えと，その理由をスパッとまとめて書き出し完了です。

さて，この次にどう書くか？ が重要です。

説得力を高めるために，ここでは **「時間の側面」を利用するスキル**を学んでいただきましょう。

《時間の側面＝過去 / 現在 / 未来》

この３つの時間が書くべきネタを与えてくれる

どんな物事にも「時間の側面」があります。すべての物事には「過去」があり，そして「現在（現状）」があり，来るべき「未来」があります。つまり，**時間から見ると「少なくとも３種類のネタ」がある**わけです。

この３つの時間の側面を利用することによって，書くべきネタを切らさず，また，論理的に説得力のある答案を書くことができるはずです。

時間の側面の中で**中心となるのが「現状」**です。次のように考えておきます。

《答案の出発点》

現状の考察から始める

まず「現状」に焦点を当てて答案を考えてみましょう。そして，**そこから「過去」あるいは「未来」へと論を展開していく**わけです。では，現状で「なぜ英語を話したいか」を考えます。次のように思考をすすめてみます。

【思考のすすめ方】

アメリカで暮らしたい

⬇

英語を話すことを学びたいから

⬇

現在の自分の状況はどうか？

この「現在の状況はどうか？」つまり「現状の考察」を思考の出発点にするのです。

ここでは「英語を話せるようになることを望んでいる」わけですが，**もしも英語がすでに話せるなら，この願望は生じません。つまり現状は「英語が話せない」**はずです。

では，**なぜ英語を話せないのでしょう？** たとえば「日常で英語を使う機会がないから」や「学校の授業で英会話を教えられていないから」などが考えられるはずです。このように**「現在の状況」を考察する**ことによって書くべきことを発見していきます。

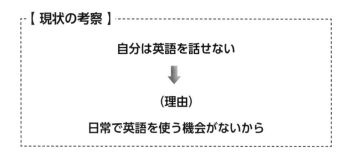

現状の考察によって，英語を話せない理由の明確な説明ができるはず。これで「アメリカで暮らしたい」ことについて，内容を展開していく準備が整います。では，現状の考察を加えた答案例を見てもらいましょう。

Step 2 ■現状の考察を加えて

　アメリカで暮らしてみたい，なぜなら英語を話すことを学ぶことを望んでいるからだ。**自分は現在，英語を話せない，なぜなら日常生活で英語を使うためのチャンスを持っていないからだ。**

　I want to live in America because I hope to learn to speak English. **Now, I can't speak English because I have no chance to use English in my daily life.**

(合計 31 words)

これで「問題の質問に対する答え」と「現在の自分の状況」を説明した答案ができました。ここで現状の考察をいったん終了させます。

そして，**次のステップへすすむために「時間の側面」を切り替える**のです。未来と過去です。まず「過去」のことから考えてみます。

《過去の側面を利用》

現状の元になっているのは過去

過去を説明することによって「現状の根拠（土台）」を説明できます。たとえば，次のように答案をすすめていくことができるわけです。

【 思考のすすめ方 】

（過去の側面から）

・中学生のときに英語で会話したいと思った

・英語を自由に話せるのはすごいと思った

こうして「視点を過去へ移す」ことによって，文を増やして説得力を持たせることが可能です。では，過去を使って答案をすすめてみます。

Step 3 ■過去の側面を加えて

　アメリカで暮らしてみたい，なぜなら英語を話すことを学ぶことを望んでいるからだ。自分は現在，英語を話せない，なぜなら日常生活で英語を使うためのチャンスを持っていないからだ。**しかしながら，中学校のときは，英語で会話をしたかった。また，英語を自由に話せるのはすばらしいだろうと思った。**

　I want to live in America because I hope to learn to speak English. Now, I can't speak English because I have no chance to use English in my daily life. **However, when I was a junior high school student, I wanted to talk in English. Also, I thought it would be great to speak English freely.**

(合計 57 words)

これで指定語数（100 words）の約50%となりました。**指定語数がある場合，おおむねその90パーセントの語数を超えていれば安全圏**です。さらに答案を深化させましょう。

もちろん，もう少し過去について書くこともできるかもしれません。しかし，過去のことばかり（体験談ばかり）では，説得力は高まりません。

そこで，次に**未来へ側面を切り替えて**みます。

未来は連鎖していきます。つまり「**ある未来**」から「**次の未来**」へと次々に**つながって連鎖**していきますね。これが，それぞれ書くべきネタとなって，文の数を増やす（＝語数を増やす）ことに貢献します。「１つの未来」を書いて，字数が不足していれば，さらにそこから「次の未来」へとすすめていくことができるはずです。

たとえば次のように考えてみます。

【 未来の考察 】

（アメリカで暮らせば）

・毎日英語を使うので話せるようになるだろう

・多くのアメリカの友人ができるかもしれない

これで語数が不足していれば，さらにそこから生じる「**次の未来**」を加えて，**文を増やしてみます**。たとえば次のように未来をつなげます。

【 さらなる未来の考察 】

（アメリカで友人ができれば）

・彼らから多くのことを学ぶことができる

・その結果，世界観を広げられるだろう

これは「**因果関係**」を連鎖させて書くコツとなります。ある未来から次の未来へすすみながら「原因と結果」をつないでいくわけです。この書き方によって，説得力が高まるはずです。

このように「**時間の側面を変えながら，文を増やしていく**」のが，試験時間の現実的な時間の使い方です。

では，最後に完成した答案例を見てください。

完成例 ■未来の側面を加えて

アメリカで暮らしてみたい，なぜなら英語を話すことを学ぶことを望んでいるからだ。自分は現在，英語を話せない，なぜなら日常生活で英語を使うためのチャンスを持っていないからだ。しかしながら，中学校のときは，英語で会話をしたかった。また，英語を自由に話せるのはすばらしいだろうと思った。**もしもアメリカで暮らせば，毎日英語を使えるので，それを話すことを学べるだろう。また，多くのアメリカの友人ができるだろうし，彼らから多くのことを学ぶことができるだろう。その結果，自分の世界観を広げることができるだろう。**

I want to live in America because I hope to learn to speak English. Now, I can't speak English because I have no chance to use English in my daily life. However, when I was a junior high school student, I wanted to talk in English. Also, I thought it would be great to speak English freely. **If I live in America, I will learn to speak English because I can use it everyday. And I will make a lot of American friends, and I can learn many things from them. Therefore, I will be able to widen my view of the world.**

(合計 103 words)

これで指定語数（100 語）をクリアです。3 語オーバーしていますが，10 パーセント以内なので OK です。指定語数を大きく超えてしまうと減点されてしまう可能性があります。**多く書けばよいというものでもありません。**

なお，**答案例の最後に「だから私はアメリカに暮らしたいのだ」というように，最初の文をくりかえす答案**をよく見かけますが，結局それは「最初の文のくりかえし」でしかないので**意味がありません**（くりかえしても説得力が高まるわけではないのです）。**未来のことをさらに書き加えれば立派なしめくくりになり得ます。**

この答案例ならば Therefore, I will be able to widen my view of the world. が，最初の I want to live in America. に対する「しめくくり（結論）」となっていますね。つまり「アメリカで暮らしたい」の結果が「世界観を広げられるだろう」でつながっているわけです。

ここで使った役立つ表現

- have no chance to V：V するチャンスがない
- However, SV 〜：しかしながら，S は V だ
- talk in English：英語で会話をする
- it is great to V：V するのは，すばらしい
- speak English freely：自由に英語を話す
- make a lot of friends：多くの友だちを作る
- Therefore, SV 〜：その結果（それゆえに）S は V する
- widen my view of the world：自分の世界観を広げる

DAY 1 では「時間の側面」を利用しながら，答案を深化させる様子を見てもらいました。ここ DAY 2 では，**さらにネタ切れを防止するため，新たな側面を学びます。それは「人間の側面」です。**

《人間の重要な側面》

- **感情 / 想い**
- **学習 / 成長**

人間をよく観察してみると，何をしていても，これらの側面を見てとることができます。**どの人間にも「感情 / 想い」がありますし，それは「学習 / （精神的）成長」につながっています。**たとえば，ゲームをしている人たちを観察しても「楽しむ（感情 / 想い）」と「上達する（学習 / 成長）」がそこにあることがわかります。

これらの「**すべての人間に備わっている側面**」を，意見型英作文に取り入れて，ネタ切れを防止しつつ，答案に説得力を持たせることを学ぶのが，ここでの目的です。

例題 2

現在の日本の高校教育 (high school education) について，どのような問題があると思いますか。あなたの考える問題点を 1 つ挙げて，100 語程度の英語で論じなさい。

まず，**質問されていることに，シンプルに答えます。**たとえば，パッと思いつくものは「暗記ばかり」とか「先生が一方的に授業をすること」などかもしれません。答えは書きやすそうなものをチョイスします。

「答えそのもの」よりも「答えをどう深化させるか？」が重要です。ということで，ここでは「暗記ばかりしなきゃならないこと」を答えに選んでみることにします。では，まず書き出しの答案例です。

Step 1 ■質問への答え

高校教育の１つの問題は，私たちが多くのことを暗記しなければならないことだ。

One problem with high school education is that we must memorize many things.

(合計 13 words)

これで質問に対する答えは完了。

では，なぜ暗記ばかりが問題なのか？ この根拠を考えてみます。そこで「人間の側面」の出番。暗記が「感情 / 想い」に与える影響を考察します。そして，**その影響が「学習 / 成長」に与える影響を考察**。このように，「暗記」がどのように（悪い意味で）作用するか，考えてみるわけです。

【 思考のすすめ方 】

高校教育の問題

多くのことを暗記しなければならない

・「**感情 / 想い**」にどう影響するか？

・「**学習 / 成長**」にどう影響するか？

こうして「論を展開する戦略」を立てていくわけです。それでは，暗記の悪影響を考えてみます。まず「ストレス」によって「勉強を楽しめない」が考えられるかもしれません。**これが感情の側面。**そして「**暗記は本当の学習ではないし，成長にもならない**」と主張してよいでしょう。**これが学習 / 成長の側面。**このように「感情 / 想い」と「学習 / 成長」は，つねに連動していることが使えるわけです。

【 思考のすすめ方 】

（感情 / 想いの側面）

- **多くの高校生がストレスを感じている**
- **私たちは勉強するのを楽しめない**

（学習 / 成長の側面）

- **暗記することは本当の学習ではないと思う**
- **暗記によって私たちは成長できないだろう**

Step 2 ■人間の側面から

高校教育の1つの問題は，私たちが多くのことを暗記しなければならないことだ。**このことのせいで，多くの高校生が大きなストレスを感じている。私たちは勉強することを楽しめないのだ。また，暗記することは，本当の学習ではないと思う。私たちは，暗記によって成長することはできない。**

One problem with high school education is that we must memorize many things. **Because of this, many high school students feel great stress. We can't enjoy studying. Also, I believe that memorizing is not true learning. We can't grow by memorizing.**

(合計 41 words)

これで，1つのまとまった内容となりました。語数は40％に到達。

さて，次にどのように答案を深化させるか？

ここで「ネタ切れ」の状態。つまり「次の内容が思いつかない」という状態です。よくあることですね。そこで，この状態から脱出するために「側面の変更」をするのです。

「時間の側面」に視点を変更。

《ネタ切れ防止対策》

「側面の変更」

DAY 1「時間の側面から考察」の復習です。

「過去 / 現在 / 未来」のうち現在はすでに答案になっていますね。現状は「暗記ばっかりでストレスだ」です。そこで「過去」や「未来」をネタに考察をすすめることで答案を深化させます。

【 思考のすすめ方 】

（現状）

・暗記が多くてストレスを感じる

・勉強を楽しむことができない

高校教育の「過去」はどうであったか？

このままだと「未来」はどうなってしまうか？

この発想パターンが「ネタ切れ防止対策」となるのです。

「過去」と「未来」の両方をいきなり考えるのは大変です。そこで，どちらかに集中します。そして，どちらか一方で「指定語数がクリア」できれば，もう一方は使わずにすみます。

今回の問題では，過去と未来のどちらがよいか？

「未来」を利用してみましょう。今回は「過去にどうだったか」よりも，むしろ**「このままだと未来はどうなるか」のほうが，より重要に見える**のではないでしょうか？

ということで，次のように思考をすすめます。

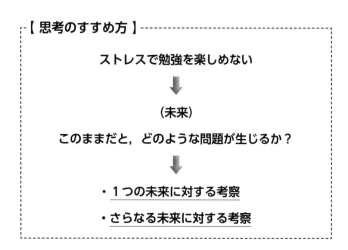

このように，時間を変えながら**「文の数を増やしていく（＝ 語数を増やしていく）」という戦略を立てる**わけです。

現状が「ストレスがあって楽しめない」となれば，教育に限らず，どんなことだって「あきらめる人が多くなる」ことは当然です。また，暗記ばかりしていると「理解をしながら学びたい」と思う人たちが不満を感じるようになるのも想像可能です。

【 思考のすすめ方 】

（未来）

・多くの人が勉強することをあきらめるだろう

・深く理解したい人は先生に不満を感じるだろう

Step 3 ■未来から

　高校教育の１つの問題は，私たちが多くのことを暗記しなければならないことだ。このことのせいで，多くの高校生が大きなストレスを感じている。私たちは勉強することを楽しめないのだ。また，暗記することは，本当の学習ではないと思う。私たちは，暗記によって成長することはできない。**もし生徒たちが多くを暗記し続けなければならないとすると，多くの人たちが勉強することをあきらめてしまうだろう。また，深く理解するのを望む生徒たちは，先生たちに不満を感じるだろう。**

　One problem with high school education is that we must memorize many things. Because of this, many high school students feel great stress. We can't enjoy studying. Also, I believe that memorizing is not true learning. We can't grow by memorizing. **If students must continue to memorize many things, many of them will give up studying. And students who hope to understand deeply will feel frustrated with teachers.**

(合計 68 words)

これで，ほぼ 70％完了。もしも，ここで時間切れになっても，もちろん採点対象の答案となり，まずまずのボリュームの部分点を確保しました。

では「さらなる未来」へ視点を動かすことによって，文を増やします。

未来は，すぐ後の未来もあれば，少し後の未来，数ヶ月，数年後，数十年後，というように「未来はどこまでも広げていくことが可能」です。「未来を広げていく」ことが「文を増やす」ということに貢献してくれるわけです。

> 《未来の側面》
>
> **近い未来からさらなる未来まで**
>
> **文の数を増やすためのネタになる**

「高校教育」というのは「これから大学へ行く人たち」あるいは「これから社会に出て行く人たち」のためにあります。「大学に入った後」あるいは「社会に出て行った後」のことを考えてみましょう。

暗記ばかりを押しつけられた高校生は，どうなってしまうか？ たとえば，次のように考えられるかもしれません。

> 【 思考のすすめ方 】
>
> **（さらなる未来）**
>
> **・自分自身で考えることができなくなるかもしれない**
>
> **・大学や社会の中で苦労してしまうかもしれない**

では，これを加えて完成答案を作ってみます。参考にしてください。

完成例 ■さらなる未来から

　高校教育の1つの問題は，私たちが多くのことを暗記しなければならないことだ。このことのせいで，多くの高校生が大きなストレスを感じている。私たちは勉強することを楽しめないのだ。また，暗記することは，本当の学習ではないと思う。私たちは，暗記によって成長することはできない。もし生徒たちが多くを暗記し続けなければならないとすると，多くの人たちが勉強することをあきらめてしまうだろう。また，深く理解するのを望む生徒たちは，先生たちに不満を感じるだろう。**そのような生徒は，自分自身で考えることができなくなるかもしれない。そして，彼らは，将来，大学や社会の中で，多くの困難を持ってしまうかもしれないのだ。**

　One problem with high school education is that we must memorize many things. Because of this, many high school students feels great stress. We can't enjoy studying. Also, I believe that memorizing is not true learning. We can't grow by memorizing. If students must continue to memorize many things, many of them will give up studying. And students who hope to understand deeply will feel frustrated with teachers. **Such students might not learn to think for themselves. Also, in the future, they might have a lot of difficulties in university or society.**

(合計 92 words)

ここで使った役立つ表現

- One problem with A is that S′ V′ ～ :

　　　　　　　　　　A の1つの問題は S′ が V′ することだ

- S must memorize ～ : S は～を暗記しなければならない
- Because of A, SV ～ : A のせいで (A が原因で)，S は V だ
- feel frustrated with A : A に不満を感じる
- they can think for themselves : 彼らは自分自身で考えることができる
- have a lot of difficulties : 多大な困難を持つ，かなり苦労する

　ここまでお伝えした２つの側面「時間の側面」と「人間の側面」を使って，**ネタ切れを防止する書き方を再度確認**していただきます。問題文のレベルも少し高いものにしてみます。

例題3

　Today, there are many languages (more than 5,000) spoken in the world. However, if there were only one language in the world, what do you think the world would be like? Explain your opinion in English in about 100 words.

問題が英文となっています。内容をチェックします。

　現在，世界では多くの言語（5,000以上）が話されています。けれども，もしも世界に１つの言語しかなかったら，世界はどうなると思いますか。あなたの考えを100語程度の英語で説明しなさい。

では始めましょう。まず質問に答えることに集中します。

If there were only one language in the world, what do you think the world would be like?

これが質問文です。よって答えは

I think the world would be [　　　].

がよいでしょう。この［　　］に形容詞を入れて書き始めることになります。たとえば better や worse, more peaceful や more boring など「比較級」を使えば「(今よりも) もっと〜だ」を表すことができます。

ということで，「よりよいか，よりダメか」つまり「ポジティブ (positive) のほうに変わるか，ネガティブ (negative) のほうへ変わるか」を考えてみます。

たとえば**「いろいろな人たちのコミュニケーションが楽になるのだから，よい方向に変わるのでは？」という答え**が思いついたとしましょう。

もちろん，それで OK です。**パッと思いついたら即答案。**あとは，**側面を変更しながら，答えを深化させていくパターン**で書いていきます。やはり**最初の答えは手短に書きましょう。**

DAY 3

Step 1 ■質問への答え

世界はよりよくなるだろう，なぜならコミュニケーションが楽になるからだ。

I think the world would be better, because communication becomes easier.

(合計 11 words)

答えそのものはシンプルに，そして because を続けて理由を提示しました。

ここから答案をどう発展させていけばよいか？

ここでよくある NG の答案をちょっと紹介しておきます。

こういう問題（〜ならば，どうなると思いますか？ というタイプ）でよく見かける答案が「未来」のことばかりを書いてしまったものです。

たとえば，今回の問題なら「（言語が１つになれば）コミュニケーションが楽になって〇〇できるし，〇〇もできる」など。**未来のことばかり書いてしまう答案がとても多いのです**。しかし，これだとあっという間にネタ切れになります。よくある「字数は足りない，説得力もない答案」のパターンです。

そこで，ネタ切れ防止に，ここでも**時間の３つの側面を利用**しましょう。

まず「未来」の元になるのは「現在」です。現状の考察をしてみましょう。「世界の現状」を「言語の多さ」から考えてみます。

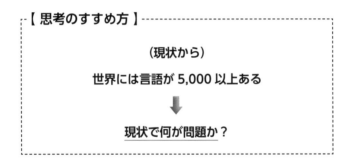

当然ですが，言語が多ければ**「コミュニケーションが難しい」**です。個人的なレベルでもそうですし，国家間のやりとりでもそうでしょう。**多くの言語のせいで，速度にも相互理解にも「デメリット」**があると言えます。

こういった現状の問題点を書くことによって，文を増やすことができます。
これを答案に組み込んでみます。

Step 2 ■現状の考察から

世界はよりよくなるだろう，なぜならコミュニケーションが楽になるからだ。**現在，多くの言語があり，世界の人たちにとって直接コミュニケーションをとることが難しい。コミュニケーションは遅く，誤解もつねに起こりうる。**

I think the world would be better, because communication becomes easier. **Today, as there are many languages, it is difficult for people in the world to communicate directly. The communication is slow, and misunderstandings can always happen.**

(合計 37 words)

DAY 3

これで指定語数の 30％完了。

次の側面へと切り替えます。「時間の側面」の「過去」と「未来」の利用です。

未来へ行くか？ 過去へ戻るか？ という選択があります。**どちらも自由にチョイス**することが可能です。

さて，「世界のコミュニケーション」と言えば，多くの人が「**インターネット**」を思い浮かべるかもしれません。インターネットは過去に発明されたものですね。世界の人たちとコミュニケーションできるのに，言語はバラバラです。これを思いつけば，**過去の側面が利用**できるかもしれません。

このように，時間軸を使って，側面を切り替えていくことを学んでください。では，答案にしてみます。なお，単語は易しいものを使いますが，なるべく役立つ表現を多用しておきます。

Step 3 ■過去から現在まで

　世界はよりよくなるだろう，なぜならコミュニケーションが楽になるからだ。現在，多くの言語があり，世界の人たちにとって直接コミュニケーションをとることが難しい。コミュニケーションは遅く，誤解もつねに起こりうる。**インターネットが発明されて以来，ますます多くの人々が，世界中の人たちと情報を交換することが可能になってきた。しかしながら，言葉が異なるので，コミュニケーションはいまだに簡単ではない。**

　I think the world would be better, because communication becomes easier. Today, as there are many languages, it is difficult for people in the world to communicate directly. The communication is slow, and misunderstandings can always happen. **Since the Internet was invented, it has been possible to exchange information with people all around the world, but communication is still not easy because languages are different.**

(合計 65 words)

では，ここから「未来」へ視点を動かしてみます。

この１文で「ここまでの内容をしめくくる」ことができます。

Step 4 ■未来から

　世界はよりよくなるだろう，なぜならコミュニケーションが楽になるからだ。現在，多くの言語があり，世界の人たちにとって直接コミュニケーションをとることが難しい。コミュニケーションは遅く，誤解もつねに起こりうる。インターネットが発明されて以来，ますます多くの人々が，世界中の人たちと情報を交換することが可能になってきた。しかしながら，言葉が異なるので，コミュニケーションはいまだに簡単ではない。**もしも世界にたった１つの言語しかなかったら，これらの問題が解決されるだろう。**

　I think the world would be better, because communication becomes easier. Today, as there are many languages, it is difficult for people in the world to communicate directly. The communication is slow, and misunderstandings can always happen. Since the Internet was invented, it has been possible to exchange information with people all around the world, but communication is still not easy because languages are different. **If there were only one language in the world, these problems would be solved.**

(合計 79 words)

これで 70%クリアです。

このように，書きながら考えていけば，途中で試験時間がなくなっても，かなりの部分点が確保できます。

さて，時間の側面はここで終了。次に「人間の側面」です。「感情 / 想い」と「学習 / 成長」です。

これで**書くべきネタに困ることが激減する**はずです。

学習の側面を使えば次のようにすすめられるかもしれません。

┌──┐
【 思考のすすめ方（学習）】

（コミュニケーションの問題が解決されたなら）

世界中で知識の共有が楽になるだろう

さまざまな分野がより速く発達するだろう
└──┘

また**感情の側面を利用**するなら，次のように考えられるかもしれません。

┌──┐
【 思考のすすめ方（感情）】

（コミュニケーションの問題が解決されたなら）

世界中の人たちと感情や意見を共有できるだろう

意思疎通が楽しくなるだろう

お互いから楽しく学べるだろう
└──┘

もしも,指定語数が150〜200語などの場合なら「両方の側面を利用する」ことが可能ですね。「側面を変えながらネタにしていく」わけです。

まず「学習の側面」を使って完成例①をまとめて,次に「感情の側面」を使って完成例②をまとめておきます。

完成例① ■学習の側面から

　世界はよりよくなるだろう,なぜならコミュニケーションが楽になるからだ。現在,多くの言語があり,世界の人たちにとって直接コミュニケーションをとることが難しい。コミュニケーションは遅く,誤解もつねに起こりうる。インターネットが発明されて以来,ますます多くの人々が,世界中の人たちと情報を交換することが可能になってきた。しかしながら,言葉が異なるので,コミュニケーションはいまだに簡単ではない。もしも世界にたった1つの言語しかなかったら,これらの問題が解決されるだろう。**結果的に,人々が多くの知識をスムーズに共有できるようになり,さまざまな科学的分野がより速く発展するかもしれない。**

　I think the world would be better, because communication becomes easier. Today, as there are many languages, it is difficult for people in the world to communicate directly. The communication is slow, and misunderstandings can always happen. Since the Internet was invented, it has been possible to exchange information with people all around the world, but communication is still not easy because languages are different. If there were only one language in the world, these problems would be solved. **As a result, many people could share a lot of knowledge smoothly, and various scientific fields might develop faster.**

(合計 98 words)

　世界はよりよくなるだろう，なぜならコミュニケーションが楽になるからだ。現在，多くの言語があり，世界の人たちにとって直接コミュニケーションをとることが難しい。コミュニケーションは遅く，誤解もつねに起こりうる。インターネットが発明されて以来，ますます多くの人々が，世界中の人たちと情報を交換することが可能になってきた。しかしながら，言葉が異なるので，コミュニケーションはいまだに簡単ではない。もしも世界にたった１つの言語しかなかったら，これらの問題が解決されるだろう。**結果的に，多くの人が世界中の人たちと感情や意見をスムーズに共有できるようになり，意思疎通が楽しくなり，お互いから学ぶことを楽しめるだろう。**

　I think the world would be better, because communication becomes easier. Today, as there are many languages, it is difficult for people in the world to communicate directly. The communication is slow, and misunderstandings can always happen. Since the Internet was invented, it has been possible to exchange information with people all around the world, but communication is still not easy because languages are different. If there were only one language in the world, these problems would be solved. **As a result, many people could share their feelings and opinions smoothly with all people in the world, and they could enjoy communicating and learning from each other.**

(合計 107 words)

ここで使った役立つ表現

- As S′ V′ ～ , SV … : S′ が V′ して（S′ が V′ するので），S は V する
- communicate directly : 直接コミュニケーションする
- misunderstandings can happen : 誤解が生じる可能性がある
- exchange information : 情報交換する
- scientific fields might develop : 科学的分野が発展するかもしれない

　ここまで，「時間の側面」「人間の側面」を応用しながら，ネタ切れを防止するだけでなく，説得力を高める方法を見てもらいました。ここでは，**新たに「社会の側面」を取り入れた答案を作成**します。

人間の社会を観察すると，**2つの重要なこと**が目を引きます。1つは「**法律 / 規則**」があらゆることに関わっていること。**もう1つが「お金 / 仕事**」です。これらの2つの要素がなければ，社会や生活が成り立たないように見えます。これが**もう1つのネタを与える側面**となるのです。

《社会に必要不可欠な側面》

- **法律 / 規則**

- **お金 / 仕事**

今後も使い続けていくので「**時間の側面**」「**人間の側面**」「**社会の側面**」の**3つの側面**を「**書くべきネタのコレクション**」として，大切に保管しておいてください。

例題4

　現在，日本ではアルコール飲料（alcoholic drinks）の摂取は20歳からと法律で定められています。しかし成人年齢（the age of adulthood）を18歳にするにあたって，法定飲酒年齢（the legal drinking age）も18歳に引き下げるべきだという意見があります。あなたはこの法律変更の意見に賛成か反対かどちらですか。あなたの考えを100語程度の英語で説明しなさい。

賛成 / 反対を決める問題です。まず，どちらの立場に立つか，決定します。

直感的にパッと考えると**飲酒は健康に良くないので「反対」**となります。もちろん，それで OK です。しかし「身体に良くない」ことだけでは，とてもじゃないけれど，説得力なしですね。

まず**賛成 / 反対の立場の決定にも「現状の考察」**が重要です。「賛成 / 反対」を考えるときに，**次の視点を必ず持っておいてください。**

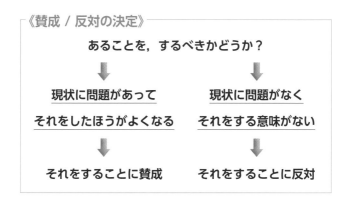

この考え方に慣れてもらうために，簡単な例を出してみます。

ある家族が「夜ご飯を外食にするかどうか？」を話し合っているとしましょう（ここで外食が「楽しいかどうか」という「人間の側面（感情 / 想い）」は考慮に入れずにおきます）。あなたはその家族の 1 人として「外食に賛成か，反対か？」を述べるとしましょう。次のように考えます。

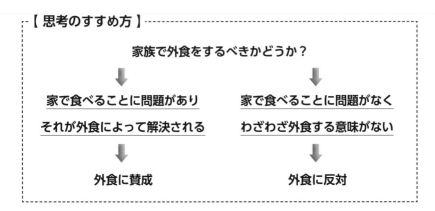

【 思考のすすめ方 】

家族で外食をするべきかどうか？

家で食べることに問題があり　　　　家で食べることに問題がなく
それが外食によって解決される　　　わざわざ外食する意味がない

外食に賛成　　　　　　　　　外食に反対

たとえば「お母さんが疲れていて夕食を作ることができない」という現状の問題があって，外食でその問題が解決できるとなれば，あなたは，「外食に賛成！」です。逆に，いろいろ観察して，家で夕飯を作ることに何の問題もなければ，「外食に反対！」です。

では，賛成／反対の考え方を，今回の例文に応用してみましょう。

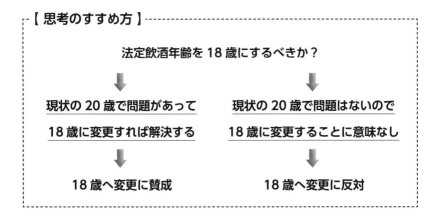

【 思考のすすめ方 】

法定飲酒年齢を 18 歳にするべきか？

現状の 20 歳で問題があって　　　　現状の 20 歳で問題はないので
18 歳に変更すれば解決する　　　　18 歳に変更することに意味なし

18 歳へ変更に賛成　　　　　18 歳へ変更に反対

そこで，今の日本の現状を考えてみるわけです。今の「お酒は 20 歳から」の法律で，社会に何か困った問題が起きたことはあったか？

ないですね。ということで，反対の立場をチョイス。これで，「反対」の理由が２つできたわけです。１つは，誰もが直感的に考える「アルコール飲料（alcoholic drinks）は健康に良くない」。もう１つが「現在の法定飲酒年齢（the legal drinking age）で問題はない」です。これを答案の書き出しにします。

Step 1 ■質問への答えと理由

　私は反対だ。アルコール飲料は健康に良くない。また，今の法定飲酒年齢で問題はない。

　I disagree. Alcoholic drinks are not good for our health. Also, there is no problem with the legal drinking age now.

(合計 21 words)

このように，スパッと「反対」だと伝えます。そして This is because ... などを使わず，２つの理由を Also で並べて提示すれば OK。

ここで注意すべきことは「理由の数の宣言（これには２つの理由がある）」をしないことです。ひょっとすると３つ目の理由を思いつくかもしれないからです。さらに注意すべきことは，これが社会問題なので個人的な体験談を持ち込むのは論外だということです。

さて，現状の考察によって，反対が決まりました。次に「時間の側面」である「過去 / 未来」を利用して，説得力を高めつつ，文を増やします。

現状に問題がないことなので，もちろん**過去にも問題はなかったはず**です。「お酒は 20 歳から」の法律が，いつ制定されたか，よくわかりませんが，**昔からあった法律**でしょう。また，昔から問題がなかったことは，**未来にも問題は生じない**でしょう。

これで文が増やせます。そして，反対の根拠をしっかり示せますね。

【 思考のすすめ方 】

現状の 20 歳で問題がない

（過去から現在まで）

長い間，問題はなかった

（未来）

未来にも問題はないだろう

ゆえに，その法律の変更は間違っていると思う

Step 2 ■過去と未来から

　私は反対だ。アルコール飲料は健康に良くない。また，今の法定飲酒年齢で問題はない。**長い間，問題はなかった。そして，未来にも問題はないであろう。ゆえに，その法律を変えることは，間違っていると私は思う。**

　I disagree. Alcoholic drinks are not good for our health. Also, there is no problem with the legal drinking age now. **There has been no problem for a long time. And there will be no problem in the future. Therefore, I think it is wrong to change the law.**

(合計 49 words)

これで，指定語数（100 語程度）の 50％です。これでいったん答案がまとまりました。

ところで，ここの答案例では 3 つの時制（現在 / 現在完了 / 未来）を使いました。There is no problem / There has been no problem / There will be no problem です。現在完了 has been は「過去から現在までのこと」を伝えます。**現在完了は「時間の側面」を使うときに役立ちます。**

また，この 3 つの文はすべて there be no A（A がない，存在してない）を元にしています。3 つとも「**同じパターンの文**」ですが，**同じパターンであっても，時制を変えるだけで，使い回しができて，文を増やすことができます。**参考にしてください。

さて，50％まで書けました。さらに文を増やしていきます。**側面を変えて新たな「内容」を追加**しましょう。

そこで，**使ってもらいたいのが「社会の側面」**です。「お金 / 仕事」の観点から問題を考察して，答案のネタにする側面です。

今回の問題は「社会」に関わる内容。**社会に欠かせないのが「お金」**です。この社会では，何をするにしても，金銭のやりとりが発生します。もちろん**「仕事」をした人や組織には「報酬」が支払われます。**

しかし，**その仕事に意味がなければ，お金を払うべきではありません。**

この当たり前の「側面」を答案に組み込むことで，文を増やし，説得力を高めるのです。

たとえば，先の「外食」の家族にも当てはまります。家で夕飯を食べることに問題がなければ，わざわざ「お金」を払って外食する意味がないのです。お金は「意味」のあることに使われるべきです。それが，税金であれば，なおさらですね。

> 《お金 / 仕事の側面》
>
> **お金をかけるだけの価値はあるか？**

これが，この側面を利用するときの発想法の1つです。

たとえば，法律を変更するにしても，手間がかかります。手間がかかると，費用（お金）がかかります。法律変更そのものにお金がかかるし，その影響を受けて，さまざまな人たちや組織に出費が生じます。**はたして，20歳の飲酒年齢を18歳に変えるために，莫大な費用をかける価値はあるか？もちろん，NO ですね。意味がないです。**なぜなら，**現状の20歳で「何も問題がない」**からです。

思考のすすめ方と答案例でチェックしてください。

> **【 思考のすすめ方 】**
>
> （お金 / 仕事）
>
> もしもその法律が変更されたなら
>
> その変更に合わせるため
>
> 多くのコストがかかるだろう
>
>
>
> 多くのコストをかける意味がない

Step 3 ■社会の側面から

　私は反対だ。アルコール飲料は健康に良くない。また，今の法定飲酒年齢で問題はない。長い間，問題はなかった。そして，未来にも問題はないであろう。ゆえに，その法律を変えることは，間違っていると私は思う。**さらに，もしもその法律が変えられたら，日本の多くの分野でその変更に合わせるために多大なコストがかかってしまって，意味がない。**

　I disagree. Alcoholic drinks are not good for our health. Also, there is no problem with the legal drinking age now. There has been no problem for a long time. And there will be no problem in the future. Therefore, I think it is wrong to change the law. **In addition, if the law is changed, it will cost a lot to adjust to the change, which makes no sense.**

(合計 70 words)

最後の部分でカンマ（, ）which を用いて「補足的な説明」を加えました。このようにカンマ（, ）which は文脈上すでに明らかになっていることに補足する場合に有効な表現となります。

さて，ここまで「現状の考察」と「社会（お金）」の側面によって答案を作ってきました。ここからさらにお金についての内容を書き続けることも1つの選択肢です。

しかし，お金の内容をここで終了させて，次の側面へとすすめていくのも1つの選択肢になります。もし，お金の内容がネタ切れなら，別の側面へスパッと変更するのがよいでしょう。

そこでここでは別の側面を利用してみます。たとえば、「社会の側面」の「法律 / 規則」に切り替えてみましょう。

説得力のある答案を書くため、「法律 / 規則（マナーも含む）」を次のように考えておくと、答案の内容に「広がり」を持たせられます。

> ┌─《法律 / 規則の側面》────────────────┐
>
> **法律 / 規則は「自由」を制限する面もあるが**
>
> **多くの人の「権利 / 安全」を守るためにある**
>
> └──────────────────────────────────┘

これがこの側面を利用するときの1つの発想法です。今回は「法律」を「権利 / 安全」を守るためのものとして、ネタに利用してみましょう。

飲酒年齢の法律を18歳に変更する意見は誰の「権利 / 安全」を守るためか？ せいぜい「酒造会社」の利益を守るためですね。18，19歳の若い人たちの健康を守るなら、法律の変更はしないほうがよいのは当然です。

┌─【 思考のすすめ方 】─────────────────┐

法律の変更

・**若い人たちの健康を守ることにならない**

・**その法律変更は危険だろう**

└──────────────────────────────────┘

　私は反対だ。アルコール飲料は健康に良くない。また，今の法定飲酒年齢で問題はない。長い間，問題はなかった。そして，未来にも問題はないであろう。ゆえに，その法律を変えることは，間違っていると私は思う。さらに，もしもその法律が変えられたら，日本の多くの分野でその変更に合わせるために多大なコストがかかってしまって，意味がない。**また，その法律を変えることは若者の健康を守らないだろう。それは危険だ。私は，その変更はアドバンテージ（良い点）よりもディスアドバンテージ（良くない点）のほうが多いと思う。**

　I disagree. Alcoholic drinks are not good for our health. Also, there is no problem with the legal drinking age now. There has been no problem for a long time. And there will be no problem in the future. Therefore, I think it is wrong to change the law. In addition, if the law is changed, it will cost a lot to adjust to the change, which makes no sense. **Also, changing the law will not protect young people's health. It will be dangerous. I think that the change will have more disadvantages than advantages.**

(合計 95 words)

以上で指定語数クリアです。最後のしめくくりの1文に注目してください。賛成・反対の問題では，最後に「Aの方がBよりも〜だ」のように比較して，自分の意見をまとめる方法があります。このようにまとめれば「だから私は反対なのだ（Therefore, I disagree.）」で最初の文（I disagree.）をくりかえさなくてすみます。

- there is no problem with A : A に関して問題がない
- it is wrong to V : V するのは間違っている
- In addition, SV 〜 : さらに，S は V する
- It costs a lot to V 〜 : V するために多大なコスト（費用）がかかる
- adjust to the change : その変更に合わせる
- SV 〜 , which makes no sense : S は V であり，それは意味をなさない
- S have more disadvantages than advantages :

S には長所より短所が多い

　ひと口に「意見型英作文」と言っても，さまざまなタイプが出題されています。その中の１つに状況の説明がなく，パッと読んでも「何を答えればよいのかよくわからない」といった「抽象的な問題」があります。このタイプの問題を使ってみましょう。

例題5

> 　Read the sentence below, and state what you think about it, and explain it with a specific reason in English.
>
> "千里の道も一歩から"

文が１つ与えられているだけで「状況の説明がない問題」です。その文に対する「意見」と「その意見に対する理由」を述べるという**やっかいな問題**です。

まず与えられた文の意味をチェックします。「千里の道」というのは「長い道のり」ですね。昔の距離の単位に「里（り）」がありました。一里（いちり）は約４キロと言われています。千里で 4,000 キロなのですが，これは「ものすごく長い道のり」の比喩です。そして「一歩から」というのは「まず始めること」です。つまり**「どんなに長い道のりであっても，まず始めることが大事」**です。

さて，この文に対して問題文は "state what you think about it"「それについてあなたの考えを述べなさい」と "explain it with a specific reason"「その考えを明確な理由とともに説明しなさい」と指示しています。

まず「あなたの考え」を答えます。答え方は，たとえば次のようなもので
よいでしょう。

① その通りだと思う。
　 I think this is true. ／ I agree.
② そうではないと思う。
　 I think this is wrong. ／ I disagree.

①は「どんなに長い道のりであっても，始めることが重要だ」ということ
に賛同です。②は賛同しかねる，です。②ならば「始まりよりも結果のほ
うが重要だ」という方向で考えられると思います。

とはいえ，ここでは①「賛同」で考えていくことにしましょう。この本を
読み終えれば「賛同する／賛同しない」の**どちらを選んでも，説得力のあ
る答案を作ることができるはずです。**

ということで，まずは賛同の立場から質問にスパッと答えます。

Step 1 ■質問に対する答え

　これ（この文）は真実だと思う。

　I think this is true.

（合計 5 words）

次に「**与えられた文を読みとったこと**」を伝えます。

今回は日本語で与えられていますが，仮に**与えられた文が英語だったとし**ても「比喩を使った文 / 抽象的な文」であれば，いったん「**具体的な解釈**」**を**する必要があります。今回の与えられた文が英語で

" No matter how far it seems, it is important to take the first step."
(それがどんなに遠く見えても，最初の一歩を踏み出すことが大切だ)

だったとしましょう。この場合も「本当の距離（物理的な距離）ではない」つまり「比喩」だと考えて自分なりに解釈を与えて答案に書きます。たとえば「どんなに遠くても」が「どんなに困難でも」などです。

今回は「千里の道」を「何かを達成しようとすること / それがとても難しそうに見えること」と解釈し，「一歩から」を「スタートすることが重要」と解釈することができるかもしれません。

┌─《**与えられた抽象的な文**》────────────────┐
│   │
│   **自分なりの解釈を与えて書き始める**   │
│   │
└──┘

╭──╮
│ **Step 2** ■与えられた文の解釈を加えて   │
│   │
│   これ（この文）は真実だと思う。**何かを達成したいなら，たとえそれがどん**│
│ **なに難しそうでも，まず始めなければならない。**   │
│   │
│   I think this is true. **If we want to achieve something, we** │
│ **have to begin, no matter how difficult it seems.**   │
│   (合計 21 words) │
╰──╯

これで 21 語ですが，今回は**語数が指定されていない**ですね。

語数が指定されていないときは，解答用紙の長さにもよりますが，**たくさん書けばよいというわけではありません**。もちろん，ある程度の文量は必要（目安として 80 〜 100 words）でしょうけれど，**大切なのは説得力があるかどうか**です。

ということで，ここから説得力を高めるために側面を利用しながら答案を作っていきます。

ところで，**このような問題の場合に体験談を使うのはどうでしょう？**

たとえば，ここで『*私が中学生のときに〇〇をやろうとしたことがあった。そのとき，それが難しすぎて，努力もせずにあきらめてしまった。今，私はそれを後悔している。最初にやり始めたことを続けていれば，今は私はより良い人間になっていただろう*』など。

体験談は文を増やす（語数を増やす）には，とても魅力的な解決策ですね。しかし，**この問題文には「あなたの体験を含めて説明しなさい」という指示がありません**。

もちろん，体験談を含める指示があれば OK。ただ，指示もないのに**「体験」を書くことによって「説得力が高まるか？」**というと，そうではないように思われます。次のように考えておきましょう。

《体験談を書くことについて》

体験談そのものは説得力を高めるものではない

たとえば「英語を話せるようになりたい」ことが「昔，英語を話せなくて，すごくつらかったから」のように過去の体験が原因となっている場合は，もちろん OK です。また，どうしてもネタ切れになってしまって，何も書くことが思いつかないときは，仕方なく体験談に逃げるしかない場合もあるかもしれません。

しかし，どんな問題でも「体験談を書いておけばよい」という考え方は NG です。体験談は「具体例の1つ」です。自分の意見の説明もないまま，いくら体験談（具体例）を書いても，評価は高まりません。

というわけで，この問題への取り組みも「いきなり体験談に逃げる」のではなく，説得力を高める方向ですすめていきます。そこで問題の指示でもある「理由」を考えましょう。

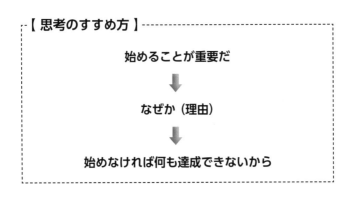

【 思考のすすめ方 】

始めることが重要だ

↓

なぜか（理由）

↓

始めなければ何も達成できないから

この理由は「当然」ですが，ここから思考をすすめていきます。そこで，時間の側面を利用してみましょう。すべてのことは時間軸に沿って生じます。ここでは「これから生じること（未来の想定）」を使ってみます。

何かを達成しようとして「始める」ことによって２つの未来予想図を描くことができます。１つは「実際に達成できる予想図」で，もう１つが「途中で挫折する予想図」です。

【 思考のすすめ方 】------------------------------

（未来の側面から）

・**それを達成できるかもしれない**

・**それを達成できないかもしれない**

これをネタにして答案を構築してみます。

Step 3　■理由と未来の側面から

　これ（この文）は真実だと思う。何かを達成したいなら，たとえそれがどんなに難しそうでも，まず始めなければならない。**もしも，それをやり始めなければ，何も達成できないのだ。それを始めることによってのみ，成功を手に入れられるのだ。しかし，失敗する場合もあるだろう。**

　I think this is true. If we want to achieve something, we have to begin, no matter how difficult it seems. **If we don't begin to do it, we can't achieve anything. We can succeed only by beginning. However, we might sometimes fail.**

(合計 43 words)

このように「予想される未来図」について「うまくいく場合」と「うまくいかない場合」があれば，それを両方とも書くのはよい考えです。では，さらに側面を利用して書くべきネタを考えてみます。**人間の側面を使ってみましょう。**人間は「さまざまな感情・想い」を持って生きていますし，また「学習・成長」することによって生きています。

あることに成功すれば OK ですが，失敗すれば「落胆の感情」が生まれます。しかしポジティブに考えれば，失敗からこそ「学習」することもあるはず。もし気づけば「再スタート」に触れるのも悪くないでしょう。

```
┌─【 思考のすすめ方 】────────────────────┐
│                                         │
│          （人間の側面から）              │
│     困難を乗り越えて目標にたどりついたとき  │
│           満足感を得られる              │
│                                         │
│                   ▼                     │
│                                         │
│     しかし失敗してもそこから学ぶことができる  │
│       そして再スタートすることもできる      │
│                                         │
└─────────────────────────────────────────┘
```

今までも見てきた通り「人間の側面」である「感情／想い」と「学習／成長」は，「人間とは何か？」に関わる問題に答えを出す上で，非常に有効な思考ツールになるわけです。

最後にまとめ。しめくくりは「勇気（courage）」を利用してみましょう。これも「人間の側面」の重要な言葉ですね。「チャレンジ」には，どのような種類であれ「勇気」が必要です。「千里の道」を歩んでいく「最初の一歩」を踏み出すのは勇気です。

```
┌───【 思考のすすめ方 】──────────────────┐
│                                         │
│             （しめくくり）               │
│   どちらの場合も，私たちは成長するチャンスを持てるのだから  │
│     目標がどんなに難しくても，始める勇気を持つべきだ。  │
│                                         │
└─────────────────────────────────────────┘
```

完成例 ■人間の側面を加えて

　これ（この文）は真実だと思う。何かを達成したいなら，たとえそれがどんなに難しそうでも，まず始めなければならない。もしも，それをやり始めなければ，何も達成できないのだ。それを始めることによってのみ，成功を手に入れられるのだ。しかし，失敗する場合もあるだろう。**もちろん，困難を乗り越えて目標にたどりつくことができれば，満足を得られるだろう。しかし，たとえそれにたどりつくことができないとしても，多くを学ぶことができるし，再スタートできる。どちらの場合でも，成長するチャンスを持てるのだから，始める勇気を持つべきだ。**

　I think this is true. If we want to achieve something, we have to begin, no matter how difficult it seems. If we don't begin to do it, we can't achieve anything. We can succeed only by beginning. However, we might sometimes fail. **Of course, when we overcome the difficulties and reach the goals, we can get satisfaction. But even if we fail, we can learn many things, and start again. We should have the courage to start because we can have the chance to grow in both cases.**

(合計 89 words)

なお，このように「質問に対する答えとその説明が終了」した後であれば，もちろん「具体例としての体験談」を加えることが可能です。

体験談に対する考え方は次の通りです。

《体験談の使い方》

語数を増やすために具体例として追加する

では，先ほどの答案例に続く体験談を見てください。体験談は「本当のこと」が望ましいですが，「架空の体験」であっても OK。体験は過去のことなので，すべて過去形にすることをお忘れなく。

参考 ■体験を加えて

子どものとき，私は難しく見えることをやろうとすることをいつも避けていた。長い努力の後に，目標にたどりつくことができるとは信じていなかった。たとえば，中学生のころ，ダンスがやりたかったが，うまく踊れる友人たちを羨ましがっているだけだった。今，このエッセイを書きながら，ダンスを習い始めようと決心したところだ。

When I was a child, I always avoided trying things which looked difficult. I didn't believe that I could reach the goals after I made long efforts. For example, when I was a junior high school student, I wanted to dance, but I only envied my friends who could dance very well. But now, as I am writing this essay, I have just decided to learn how to dance.

(合計 69 words)

これで，すべて合わせると 158 語になります。

ここで使った役立つ表現

- no matter how difficult S seems：どんなに S が難しそうに見えても
- succeed only by Ving：V することによってのみ成功する
- Of course, SV 〜．But S′V′ 〜．：

  当然 S は V する。しかし S′ は V′ だ。
- overcome the difficulties：さまざまな困難を乗り越える，克服する
- have the courage to V：V する（ための）勇気を持つ
- avoid Ving：V することを避ける
- envy A：A を羨ましがる

　状況が設定されてないタイプが「抽象的な問題」ですが，ここでもう１題，そのタイプを取り上げます。いったん，ここで「ネタ切れを防止する側面」を再チェックしておきます。

《時間の側面 ＝ 過去 / 現在 / 未来》
《人間の側面 ＝ 感情 / 想い / 学習 / 成長》
《社会の側面 ＝ お金 / 仕事 / 法律 / 規則》

例題6

　下に与えられた３つの語句を用いて 120 〜 140 語の英語でエッセイを書きなさい。答案は１つのパラグラフでまとめること。なお与えられた語句はくりかえし用いてよい。

[語句]
technology / medical care / the value of life

与えられた「３つの語句」を関連させてエッセイ（考えを含めた文章）を書くよう指示されています。また，**１つのパラグラフで書く指示**もあります。パラグラフは「段落」です。英語によるパラグラフは簡単なルールによって書かれます。

《意見型英作文のパラグラフの書き方》

・最初にテーマ（Topic Sentence）を提示する

・残りでそのテーマを説明（Explanation）する

・最後にしめくくり（Conclusion）を提示する

当たり前といえば，当たり前の書き方ですね。**「1つのパラグラフ」はア****ミューズメント・パークの「テーマパーク」のようなイメージ。**たとえば「海賊たちのテーマパーク」なら，テーマは海賊，そして，その中に入れば「海賊たちの説明」です。

よって，「1つのパラグラフで書け」の指示は**「テーマを最初に提示して，****そのテーマを説明して書け」**ということになります。なお，問題文にパラグラフで書けという指示がなくても，答案はパラグラフで書くのが基本です。

では指定語句のチェックをしながら，どの語句をテーマ（最初の文）に使うか考えてみましょう。

・ **technology**
　「科学技術」
・ **medical care**
　「医療」あるいは「病気の治療」
・ **the value of life**
　「命の価値」

では，テーマ文を作るため**「戦略」**を立てます。つまり**「どの側面を利****用するか？」**を考えるわけです。「時間の側面 / 人間の側面 / 社会の側面」から，1つチョイスしてパラグラフ全体の「テーマ」を立てます。

technology は**「時間の流れ」と大きく関わっています。**過去から現在までテクノロジーは日々発達してきました。また **medical care** も**「時間の****流れ（時代の流れ）」と関わっています**ね。

medical care は「社会の側面」の１つである「お金」とも関わっているはずです。治療を受けるにはお金が必要。**この側面も使えそうです。**

そして, **the value of life** は「命の価値」ですが, **value** は「**とても大切なもの**」の意味。これは「**人間の側面**」とつながっていると考えられます。

この中から**パラグラフのテーマとなるもの**を決定します。

「時間の側面」と technology / medical care を関わらせて**テーマにしてみる**のはどうでしょうか？ そしてパラグラフの途中で「**別の側面**」を利用しながら**説明**を加えていくイメージで書き始めればよさそうです。

このように「**おおざっぱでよいので書くべき方向性を決めておく**」のが「**戦略**」です。**答案を書き始める前に「あまりにも詳しく考えすぎるのはNG」**です。かえって時間がかかりすぎるからです。

では, 時間の側面を使ってスタートです。いつものように「現状の考察」からスタートします。

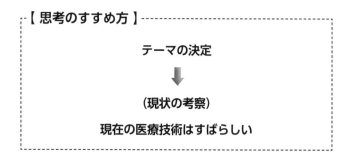

与えられた指示語のうち technology / medical care を利用できました。このパラグラフ全体が「医療技術」に関わる内容となるわけです。

さらに「時間の側面」を使って文を増やします。「過去」に視点を移して現在完了を使ってみます。「現在完了」は「過去から現在までのこと」に言及する時制です。

------【思考のすすめ方】------------------

（過去から現在まで）

・それ（医療の技術）は発展してきた

・それは多くの人たちを救ってきた

Step 2 ■過去から現在まで

現在の医療技術はすばらしい。**それは，長い時間をかけて発展してきたし，多くの人たちを救ってきた。**

The technology of medical care is wonderful today. **It has developed over a long time and has saved many people.**

(合計 20 words)

時制を現在から現在完了へ変えた文です。さらに完了形で文を増やすことができるかもしれません。たとえば次のように。

DAY 6

Step 3 ■さらに時間の側面から

　現在の医療技術はすばらしい。それは，長い時間をかけて発展してきたし，多くの人たちを救ってきた。**人間は多くの病気を克服してきたのだ。**

　The technology of medical care is wonderful today.　It has developed over a long time and has saved many people.　**We have overcome many diseases.**

(合計 25 words)

これでテーマに立てた「現在の医療技術はすばらしい」を説明することに成功したわけです。

さて，ここで１つ文を増やす方法をお伝えしておきます。

それは「仮定法」を使う文です。助動詞に **would / could / might を使って「架空の内容」を表す**のが一般的です。あくまでも「架空」なので，**仮定法の文は「あってもなくても，内容を大きく変えることはない」のです**が**「説得力が増える」**という理由で，英語の文章ではしばしば利用されます。なお would / could / might は「可能性の高さ」によって使い分けられます。「would ＝ もっとも高い可能性 / could ＝ 中くらいの可能性 / might ＝ 半々の可能性」です。もちろん，どの助動詞を使うかは筆者（＝答案を書く生徒さん）が決めれば OK です。

ここでは「現在の医療技術はすばらしい」というテーマの説明の1つとして「もし医療技術がなかったら」という条件とともに「架空」のことを考えてみるわけです。

【思考のすすめ方】

（架空のこと）

もしそれ（＝医療技術）がなかったら

世界はひどい場所になっている可能性が高かっただろう

このように「それなかったら，やばかったんじゃね（架空 ＝ 仮定法）」という発想は文を増やすことに貢献します。1つのスキルとして覚えておいてよいかと思います。

Step 4 ■仮定法の文を加えて

　現在の医療技術はすばらしい。それは，長い時間をかけて発展してきたし，多くの人たちを救ってきた。人間は多くの病気を克服してきたのだ。**それがなければ，世界はひどい場所になっている可能性が高かった。**

　The technology of medical care is wonderful today. It has developed over a long time and has saved many people. We have overcome many diseases. **Without it, the world would be a terrible place.**

(合計 34 words)

DAY 6

さて「時間の側面」はこれで終了ではありません。とても大切な考え方がまだ残っています。

DAY 1 でも説明しましたが，現状について重要なのが「問題点の考察」です。問題点の考察のない答案は「説得力」が欠けてしまいます。そこで，現代の医療技術について「何が問題なのか？」を考えてみます。

【 思考のすすめ方 】

（現状の考察）

現代の医療技術の問題点は何か？

これによってパラグラフのテーマに立てた「医療技術のすばらしさ」に対して「問題点を提示する方向」へと答案を深化させていくわけです。

ここで残りの指定語句 the value of life とともに考えてみましょう。そこで「社会の側面」です。その中でも「お金の側面」を使ってみてはどうでしょう？ 最新の医療技術はすばらしいけれど，多額の費用（cost）が必要なのではないでしょうか。

【 思考のすすめ方 】

（社会の側面（お金）から）

・医療には多額のお金が必要である

・深刻な病気は多額の治療費がかかる

the value of life（命の価値）が

お金によって左右されている

これで，新たな側面に入ることができます。

Step 5 ■お金の側面から

　現在の医療技術はすばらしい。それは，長い時間をかけて発展してきたし，多くの人たちを救ってきた。人間は多くの病気を克服してきたのだ。それがなければ，世界はひどい場所になっている可能性が高かった。**しかし医療にはお金が必要である。深刻な病気の治療をするには，時に大変なお金がかかってしまう。生命の価値がお金によって左右されているのである。**

　The technology of medical care is wonderful today. It has developed over a long time and has saved many people. We have overcome many diseases. Without it, the world would be a terrible place. **But money is necessary for medical care. It sometimes costs a lot of money to treat serious diseases. The value of life depends on money.**

(合計 59 words)

さて，これで3つの指定語句を関連させながら使い切りました。また指定語数（120語程度）の半分をクリアしました。もちろん，指定語数に達するのが理想ですが，絶対に120語をクリアするというよりも，なるべく指定語数に近づけるという意識を持っておきましょう。テキトーに書いた120語よりも，説得力のある100語のほうがよいのです。

さて，残り60語です。

ここで「深刻な病気の具体例（高額医療の問題点）」を出すこともできるかもしれません。「がん治療（the treatment of cancer）」あるいは「アフリカの貧しい国の医療状況」なども1つのすすめ方になります。

しかし『私の叔父が深刻な病気になったときに…』のような「個人的な体験談」は NG です。というのは，まず technology がこのパラグラフのテーマなので，それに合わないというのが 1 つの理由です。そして「説得力が高まらない」ということがもう 1 つの理由。

ということで，具体例も体験談も「ネタが尽き果てたとき」や「指示があるとき」に使うことにして，ここでは残りの 60 語も「側面の切り替え」によって答案を深化させていくことを学びましょう。

「生命の価値がお金に左右されている」をもとにして思考をすすめます。当然，そのお金がないがゆえ，命を落とす人が世界中にいるわけですね。これが 1 つ。そして，さらにここから「人間の側面」へと切り替えてみます。**「学習・成長」**の側面です。

【 思考のすすめ方 】

（人間の側面から）

お金を払うことができずに

多くの人が命を落としている

人類は何を学びどのように成長すべきか？

ちょっとおおげさに見えるかもしれませんが，個人の学習や成長ではなく，ここでは**「人類の学習と成長」のほうへ内容をすすめられる可能性**があることを学んでもらいたいのです。

このような**「グローバルな視点（the global points of view）」でものを考える**内容が，最近の意見型英作文で出題されていることが多いのです。ぜひ「思考の深化」に役立ててください。

では，考えてみましょう。今までの答案をざっくり見直します。**「現在の医療技術はすばらしい → しかし高額だ → お金がなくて多くの人が亡くなっている」**です。これは明らかに**「人類の失敗」**の１つですね。

失敗を認識する（気づく）ことが成長へつながります。「学習」と「気づき」は強く結びついています。

ここから人類が気づくべきことは「多くの国が貧しい国を助けてこなかった」ことであり「現代医療の技術が豊かな人たちのため」にあり「お金を儲けることに夢中になっていた」など，「人類の失敗談」を挙げれば，いくらでもあるはずです。

【 思考のすすめ方 】

（学習 / 成長の側面から）

お金を払うことができずに

多くの人が命を落としている

たとえ医療技術が進歩しても

貧しい人たちには意味がない

私たちはこれが間違っていることに気づくべきだ

技術自体は「すばらしい」ものだとしても，それを活用する方法が「間違っている」とすれば，一部の人たちだけのメリットにしかならない。

これは現代社会では，医療技術に限らない問題ですね。このような問題には，つねに「お金」に関わっているように思います。さまざまな社会問題を考える上で，これは大切な側面になるはずです。

Step 6 ■人類の学習と成長から

　現在の医療技術はすばらしい。それは，長い時間をかけて，発展してきたし，多くの人たちを救ってきた。人間は多くの病気を克服してきたのだ。それがなければ，世界はひどい場所になっている可能性が高かった。しかし医療にはお金が必要である。深刻な病気の治療をするには，時に大変なお金がかかってしまう。生命の価値がお金によって左右されているのである。**多くの人が十分なお金を持っていないせいで世界中で亡くなっている。たとえ医療技術が進歩しても，それは貧しい人たちにとっては意味がないのだ。私たちはこの状況が間違っていると気づくべきである。**

　　The technology of medical care is wonderful today.　It has developed over a long time and has saved many people.　We have overcome many diseases.　Without it, the world would be a terrible place.　But money is necessary for medical care.　It sometimes costs a lot of money to treat serious diseases.　The value of life depends on money.　**Many people are dying in the world because they don't have enough money.　Even if medical technology progresses, it doesn't help poor people.　We should realize that this situation is wrong.**

(合計 90 words)

すでにある程度のボリュームと説明ができました。次の側面へいきましょう。もう１つ，まだ未使用の側面があります。「未来」です。未来の側面へ視点を移すときに，次のことを思い出しましょう。

《未来の側面》

- 未来は「推測 / 希望」の領域
- 近い未来と遠い未来がある

「医療技術」をテーマにして１つのパラグラフを構成してきた「しめくくり」には未来の領域を使うことにします。未来は「単なる理想」でもOKです。また「１つの未来から次の未来」のように，２つの連続する近い未来から遠い未来へと思考をすすめることで文が増やせます。

では「お金持ちのための医療技術をどうしたら，貧しい人にも利用可能にできるのか？」を考えてみましょう。「無料にする」「戦争に使うお金を医療に使う」「お金のある国がない国を助ける」「命の価値を大切にすることを学ぶ」など，さまざまな未来を考えることができます。

```
┌╴【 思考のすすめ方 】╶╶╶╶╶╶╶╶╶╶╶╶╶╶╶╶╶╶╶╶┐
│                                           │
│          （未来の側面から）                │
│                                           │
│   医療技術はすべての人のために使われるべきである │
│                                           │
```

```
│                                           │
│   ・すべての医療は無料にするべきである       │
│                                           │
│   ・戦争のためのお金を使えばよいのだ         │
│                                           │
```

```
│                                           │
│      テクノロジーを人間の成長に使うべきだ     │
│                                           │
└╶╶╶╶╶╶╶╶╶╶╶╶╶╶╶╶╶╶╶╶╶╶╶╶╶╶╶╶╶╶╶╶╶╶╶╶┘
```

このように「単なる理想」であっても「未来は想像」の領域なので自由に考えればよいはずです。

完成例 ■未来から

　現在の医療技術はすばらしい。それは，長い時間をかけて，発展してきたし，多くの人たちを救ってきた。人間は多くの病気を克服してきたのだ。それがなければ，世界はひどい場所になっている可能性が高かった。しかし医療にはお金が必要である。深刻な病気の治療をするには，時に大変なお金がかかってしまう。生命の価値がお金によって左右されているのである。多くの人が十分なお金を持っていないせいで世界中で亡くなっている。たとえ医療技術が進歩しても，それは貧しい人たちにとっては意味がないのだ。私たちはこの状況が間違っていると気づくべきである。**医療はすべての人によって平等に利用されるべきだ。そして，それは無料であるべきである。それを達成するために，戦争をやめて，そのお金を医療に使えばよいのだ。私はテクノロジーが人間の成長のために利用されることを望んでいる。**

　　The technology of medical care is wonderful today. It has developed over a long time and has saved many people. We have overcome many diseases. Without it, the world would be a terrible place. But money is necessary for medical care. It sometimes costs a lot of money to treat serious diseases. The value of life depends on money. Many people are dying in the world because they don't have enough money. Even if medical technology progresses, it doesn't help poor people. We should realize that this situation is wrong. **Medical care should be used equally by all people. It should also be free. To achieve this, we should stop wars, and the money for the wars should be used for medical care. I hope that technology will be used for the growth of human beings.**

(合計 136 words)

- S have developed over a long time : S は長い時間かけて発達してきた
- S have overcome A : S は A を（今までに）克服してきた
- Without A, S would V : A がなかったから，S は V だっただろう
- It costs a lot of money to V : V するには多くのお金がかかる
- treat serious diseases : 深刻な病気を治療する
- S depend on money : S はお金に左右されている
- S should be used equally : S は平等に利用されるべきだ
- S should be free : S は無料になるべきだ
- the growth of human beings : 人類の成長

　　人間のする行為のすべてには「理由」があります。ある人が「無意識に
やってしまったこと」も，本人が気づいていないだけで，必ず何らかの理
由があります。この地球上にいる人間のする**間違っているように見える行
為の「理由」はよく考えてみる必要がある**かもしれません。今回はその理
由を追求する問題です。

例題7

> 　　In Japan, millions of tons of food which can still be eaten is
> thrown away everyday by big companies and big restaurants.
> To solve this problem, what should we do? Write two possible
> solutions in a paragraph of about 80 words in English.

食料廃棄がテーマです。問題文を日本語でチェックしてみましょう。

> 　　日本では，大企業や大きなレストランによって，毎日数百万トンのまだ食
> べられる食料が捨てられている。この問題を解決するために，私たちはどう
> すべきか？ 可能性のある2つの解決策を80語程度の英語で書きなさい。

ここで possible solutions の意味は「(ひょっとしたら) できるかもしれ
ない解決策」の意味で，必ずしも実行可能でなくても OK です。さて，**食
料廃棄の問題に対する解決策**を書くのですが，これは**「大きな社会問題」**
です。**「社会問題に対する解決策」**をパッと思いつくのは難しいかもしれ
ません。今回の問題は**「難問」**です。

1つ目の解決策から**スタート**。2つ目の解決策は後で考えることにします。1つ目の書き始めに，まずどの側面から入っていくか？ **社会問題**なので，**社会の側面**をチョイスしてみます。

「お金 / 仕事 / 法律 / 規則」

「食料廃棄と関連のありそうな側面」と言えば，まず「お金（利益など）」ではないでしょうか？

毎日余った（売れなかった）**食料を数百万トン**（って何人分の食料になるのか想像もつきませんが）**捨ててしまうなんて「おかしいんじゃないか？」**って誰もが思いますよね。**なぜこんなことをしているのか？** 大企業などが，わざわざ損するようなことをするとは思えません。おそらく**「余った食料を捨てても損しないだろう」**です。毎日，大量の食料を廃棄して「赤字」になってしまっていたら，とっくにその会社は倒産しているはずです。

そこで「法律」の側面を活用してみましょう。**大企業が「食料を廃棄すると大きな損失（赤字）になるようにする」**ために，**法律を作る**解決策があるのではないでしょうか？

> **【 思考のすすめ方 】**
>
> （法律の側面から）
>
> 食料廃棄を止めるために
>
>
>
> **食料を廃棄したら罰金を課す法律を作る**

これで答案を組み立ててみます。

Step 1 ■ 1つ目の解決策と法律から

　　1つの解決策は，新しい法律を作ることかもしれない。大企業や大きなレストランが食料を捨てたならば，日本政府は彼らに罰金を強制的に払わせるべきなのだ。それはこの問題の一部分を解決することの手助けになるかもしれない。

　　One solution might be to make a new law. If big companies and big restaurants throw away food, the Japanese government should force them to pay a fine. It might help to solve part of this problem.

(合計 37 words)

ここで pay a fine に注目。fine は名詞で使えば「罰金」の意味です（形容詞なら「すてきな」の意味ですが）。よく使う単語なので覚えておきましょう。なお，この単語を知らなくても，pay money でも意味は通じます（ややあいまいになってしまいますが文脈は通ります）。

これでひとまず1つの解決策が提示できました。ここで注目してもらいたいのが solve part of this problem です。法律を作っても，100％の解決にはならないからです。それを伝えるための a part of A「Aの一部」です。

では2つ目の解決策を考えてみましょう。

現状の問題点を考えてみます。まだ食べられる物を捨てるのは「モッタイナイ」ですね。ここから**「余った食べ物を，捨てるくらいなら，必要としている人に無料であげればいい」**はずです。

```
┌┄【 思考のすすめ方 】┄┄┄┄┄┄┄┄┄┄┄┄┄┄┄┄┄┄┄┄┐
┊                                              ┊
┊              もう１つの解決策                ┊
┊                    ⬇                         ┊
┊         その食料を貧しい人々に与える        ┊
┊                                              ┊
└┄┄┄┄┄┄┄┄┄┄┄┄┄┄┄┄┄┄┄┄┄┄┄┄┄┄┄┄┄┄┘
```

この解決策の提示を組み込みます。

Step 2 ■解決策 2

　１つの解決策は，新しい法律を作ることかもしれない。大企業や大きなレストランが食料を捨てたならば，日本政府は彼らに罰金を強制的に払わせるべきなのだ。それはこの問題の一部分を解決することの手助けになるかもしれない。**もう１つの解決策はその食べ物を貧しい人たちに与えることだ。**

　One solution might be to make a new law. If big companies and big restaurants throw away food, the Japanese government should force them to pay a fine. It might help to solve part of this problem. **Another solution is to give the food to poor people.**

(合計 47 words)

これで，問題文の要求する「２つの解決策」が提示できました。

ところで，余った食料を人にあげるという「小さい子どもが思いつきそうなこと」を，なぜ大人はやっていないのでしょう？ **理由は何か？**

ここにも**「お金」の問題**が関わっているかもしれません。お店で余ったまだ食べられるものを誰かにあげるために**「輸送」**するとしたら，**その費用はかなりの額になるはず。**

莫大なお金がかかるならば「捨てるほうがマシ」なのではないでしょうか？
これが食料が廃棄される理由だと考えられます。

【思考のすすめ方】

なぜ貧しい人に与えられないのか？

（お金の側面から）

数百万トンのまだ食べられる食料を

配達するには多くのコストが必要

これを答案に組み込んでみます。

Step 3 ■お金の側面から問題の考察

　1 つの解決策は，新しい法律を作ることかもしれない。大企業や大きなレストランが食料を捨てたならば，日本政府は彼らに罰金を強制的に払わせるべきなのだ。それはこの問題の一部分を解決することの手助けになるかもしれない。もう 1 つの解決策はその食べ物を貧しい人たちに与えることだ。**しかし，数百万トンの食料を配達するには，多くのコストがかかるかもしれない。**

　One solution might be to make a new law. If big companies and big restaurants throw away food, the Japanese government should force them to pay a fine. It might help to solve part of this problem. Another solution is to give the food to poor people. **But it might cost a lot to deliver millions of tons of the food.**

(合計 61 words)

これで 2 つ目の解決策の提示と，それに伴う問題点が考察できました。

語数もすでに 80％をクリアしています。結論へすすむ状態です。

廃棄される食料を，貧しい人に届けるにもお金がかかる。これをどう解消すればよいか？

これは解決が難しそうです。

たとえば「ボランティアの人」を集めて「数百万トンの食料を配達してもらう」のか？ ちょっと難しそうです。それでは「会社やレストランまで貧しい人に取りに来てもらう」のか？ これも混乱を引き起こしそうですね。

なので，**今回は「この解決策（貧しい人に配達）は実行するのが難しい」**としめくくってはどうでしょう？「明確な結論を出すのは無理だ」という「結論」も 1 つの結論なのです。**そこで，次のような考え方をしておくのも重要です。**

《困難な問題に対する結論》

明確な結論が出せない場合があっても OK

ここまで，法律の側面やお金の側面から食料廃棄の問題を考察してきましたが，最後は明確な結論が出せない状態です。

短い試験時間の中では「**すべての問題に明確な結論が出せるとは限らない**」のです。大切なのは**理由の追求**です。さまざまな側面から理由を考えていく中で，最後の最後は「難しくて，結論が出せない」ということがあっても，OK です。

【 思考のすすめ方 】

数百万トンの食料を配達するにはコストがかかる

（結論）

・これ（配達）は実行するには難しい

・完全に解決するのは不可能だろう

完成例 ■不完全な結論

　1つの解決策は，新しい法律を作ることかもしれない。大企業や大きなレストランが食料を捨てたならば，日本政府は彼らに罰金を強制的に払わせるべきなのだ。それはこの問題の一部分を解決することの手助けになるかもしれない。もう1つの解決策はその食べ物を貧しい人たちに与えることだ。しかし，数百万トンの食料を配達するには，多くのコストがかかるかもしれない。**だから，この解決策は実行するのがとても困難かもしれない。ゆえに，この問題を完全に解決することは不可能だと思う。**

　One solution might be to make a new law. If big companies and big restaurants throw away food, the Japanese government should force them to pay a fine. It might help to solve part of this problem. Another solution is to give the food to poor people. But it might cost a lot to deliver millions of tons of the food. **So this solution might be very difficult to carry out. Therefore, I think this problem is impossible to solve completely.**

(合計 81 words)

- One solution is to V : 1つの解決策は V することだ
- throw away A : A を捨てる，廃棄する
- S force A to V : S は A に V するよう強制する
- pay a fine : 罰金を払う
- S help to V : S は V するのに役立つ，手助けとなる
- It costs a lot to V : V するには多くのコストがかかる
- deliver A : A を配達する
- S is difficult to carry out : S は実行するのが困難だ
- S is impossible to solve completely :

S は完全に解決するのが不可能だ

DAY 7

　どんな**生物**にも，その為すことには「**目的**」があります。多くの場合，その究極の目的は「生命維持」です。人間は，その目的に「理屈」をつけて，あれこれ考える生き物です。「目的」に「理屈」を加えたものが「理由」と言えるかもしれません。つまり「**理由 ＝ 目的 ＋ 理屈**」です。今回は「複数の理由を書く」ことについて考えてみましょう。

例題 8

　What do you think about students using smartphones or tablets in class to study? State your opinions with at least two reasons in English.

授業中にスマホ（スマートフォン）やタブレットを使うことについて，意見を求められています。指定語数はありませんが，少なくとも 2 つの理由を書く指示です。日本語で問題文をチェックします。

　授業中に学生がスマホやタブレットを使うことについて，どう思いますか。あなたの意見を，少なくとも 2 つの理由とともに英語で述べなさい。

まず，スパッと答えます。「それは良い考えだ」や「それは間違った考えだ」などで OK。この答えは「感覚的に決定」してもいいかもしれません。パッと「スマホ，タブレット，OK じゃね？」と思ったら，それを答えにしましょう。

Step 1 ■質問への答え

それは良い考えだ。

It is a good idea.

(合計 5 words)

さて，理由を考えましょう。もちろん，１つの理由に集中して考えます。２つ目（あるいは３つ目）は，後で「側面の変更」によって加えていけばOK。

まず，どの側面から入るか？です。「人間の側面」である「感情 / 想い / 学習 / 成長」はどうでしょう？その中でも「感情」の側面が役立ちそうです。これを，スマホやタブレットに結びつけてみます。

【 思考のすすめ方 】

授業にスマホやタブレット OK

その理由は？

（感情 / 学習の側面から）

・勉強することが楽しくなるかもしれない

・学ぶ努力をますますするかもしれない

ここで思い出していただきたいのが「感情と学習」は，良くも悪くも「直結している」ということです。これは，学びに関わる問題文では，つねに「ネタとして利用する可能性がある」わけです。

Step 2　■学習と感情の側面から

　それは良い考えだ。**1つの理由として，スマホやタブレットを授業で使うことができれば，勉強することが楽しめるだろう。そして，楽しめれば，私たちはもっと学ぶ努力をするかもしれない。**

　It is a good idea. **For one reason, if we can use smartphones or tablets in class, we can enjoy studying. And if we enjoy studying, we might try to learn more and more.**

(合計 34 words)

いったんこれで，1つ目の理由は終了させましょう。さて，次の理由を考えましょう。**他に使えそうな側面といえば「時間の側面」です。**「現状の考察」に加えて「未来」や「過去」に視点を向けていくパターン。これを使いましょう。次のように考えてみませんか？

┌╴**【思考のすすめ方】**╶────────────────┐

現状の問題は何か？

スマホやタブレットを使っていないこと

└───────────────────────────┘

もし，**これが引き起こす問題点を具体的に提示できたなら「授業でスマホなどを使うべきだ」の説得力の強い根拠**となります。次の考え方を思い出してください。

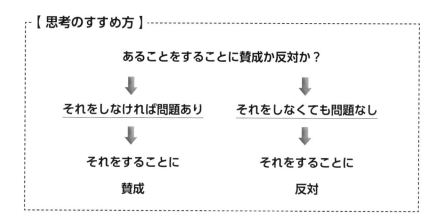

今回の問題では，スマホやタブレットを授業で使うことに賛成です。そこで，**スマホ賛成派は「今，スマホを授業で使わなければ，どのような問題が生じるか」を述べることによって，説得力を高める戦略**をとるわけです。

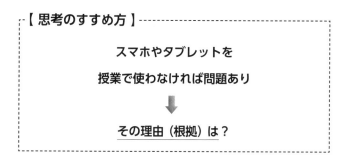

誰もが将来，大学や職場で「スマホやタブレットを使わなきゃならない」ことがあると思います。こういった**デバイスの使い方は，学校で学ぶべきこと**と言えるかもしれません。

これを学校が教えていないのは「現状の問題」だという理屈をつけられるはず。こういったことから，次のようにすすめてみます。

【 思考のすすめ方 】

授業でスマホやタブレットを利用すれば

・有益な情報の入手方法を学べる

・将来大学や職場で活用可能となる

学校で使わないのは間違っている

Step 3 ■時間の側面から

　それは良い考えだ。1つの理由として，スマホやタブレットを授業で使うことができれば，勉強することが楽しめるだろう。そして，楽しめれば，私たちはもっと学ぶ努力をするかもしれない。**もう1つの理由として，もしも私たちがクラスでこれらのデバイスを使えば，有益な情報を探し出すために，それらの使い方を学べる。こういったスキル（技術）は将来大学や職場で私たちを助けてくれるだろう。だから，これらのデバイスをクラスで使わないのは間違っている。**

　It is a good idea. For one reason, if we can use smartphones or tablets in class, we can enjoy studying. And if we enjoy studying, we might try to learn more and more. **For another reason, if we use these devices in class, we can learn how to use them to find useful information. These skills will help us in college or in the workplace in the future. So it is wrong not to use these devices in class.**

(合計 80 words)

●●●**86**　DAY 8

これで十分な説得力のある答案です。問題の指示である「少なくとも２つの理由」を説明したので，これで終了しても OK です。

ですが，もう少し増やすとしたら，どうすればよいかを考えてみることにしませんか？ 時間の側面である未来をもう少し考えてみましょう。

《未来の側面》

さまざまな未来がある

「大学や職場で役に立つ」は**個人の未来**です。けれども**社会全体の変化を考えてみる**のも悪くないかもしれません。学校教育にスマホやタブレットを使うというのは「教育改革」でもあるわけです。未来には**個人の未来もあれば，社会全体の未来もある**のです。

過去はすでに起こったことですから，変えることはできません。現状もすぐには変えられません。しかし，**未来ならば「予測」ですから，無限のネタがあります**。

【 **思考のすすめ方** 】

授業にスマホやタブレットを使えば

（未来の側面から）

・**世界の情報を授業で得ることができる**

・**異なる視点を持つ人から学ぶことができる**

・**日本の教育を大きく改善することになる**

　それは良い考えだ。1つの理由として，スマホやタブレットを授業で使うことができれば，勉強することが楽しめるだろう。そして，楽しめれば，私たちはもっと学ぶ努力をするかもしれない。もう1つの理由として，もしも私たちがクラスでこれらのデバイスを使えば，有益な情報を探し出すために，それらの使い方を学べる。こういったスキル（技術）は将来大学や職場で私たちを助けてくれるだろう。だから，これらのデバイスをクラスで使わないのは間違っている。**さらにもう1つの理由に，生徒が世界の情報をすぐに得られることがある。これは，教科書や先生からだけでなく，異なる視点を持っている人々から学べることを意味する。それは日本にとって古い教育から新しい教育へ変化するすばらしいチャンスになるだろう。**

　It is a good idea. For one reason, if we can use smartphones or tablets in class, we can enjoy studying. And if we enjoy studying, we might try to learn more and more. For another reason, if we use these devices in class, we can learn how to use them to find useful information. These skills will help us in college or in the workplace in the future. So it is wrong not to use these devices in class. **For one more reason, students can get information easily from all around the world. This means that we can learn not only from textbooks or teachers, but also from people who have different points of view. It will be a great chance for Japan to change from the old education system to a new education system.**

（合計 136 words）

語数が多くなってしまいましたが，**理由を増やすことが側面の変更によって可能になる**ことがわかったと思います。

- For one reason, SV 〜 : 1 つの理由は，S が V だ

- For another reason, SV 〜 : もう 1 つの理由は，S が V する

- learn how to V 〜 : V する方法を学ぶ

- For one more reason, SV 〜 : さらにもう 1 つの理由は，S が V する

- get A easily : 楽（すぐに）に A を手に入れる

- learn not only from A but also from B :

A からだけでなく B からも学ぶ

- people who have different points of view :

異なる視点を持つ人々

- a chance to change from A to B : A から B に変わるチャンス

DAY 9 具体例を効果的に組み込む

　意見型英作文を書くときに，**文を増やす１つの戦略が「具体例」の提示**です。ところで，具体例は**「理由ではない」**ですね。具体例は，あくまでも「補足」であって「意見の中心」とはならないことに注意です。

なので，複数の具体例を挙げても説得力は高められません。**「具体例」は基本的に「１つの例」を挙げる**ことにしましょう（もちろん，問題の指示に「２つの例を挙げる」ように求められた場合は，２つの例を挙げることになりますが）。

具体例とは何か？ についてまとめておきましょう。

> 《**具体例とは何か？**》
>
> ・**意見そのものではない**
>
> ・**意見を強化する補助役**

たとえば「オンライン授業を増やすことに反対」という意見を述べたとしましょう。「集中できない / 眠たくなる」と言えば**理由**の説明です。けれど「私は１時間も画面を見ていると疲れてしまう」は理由に補足する**具体例**ですね。**具体例は理由そのものではなく補足**なのです。

このことを知っておかないと**「答案の趣旨がズレていってしまう」可能性**があります。オンライン授業の欠点に対する意見を書くなら「対面の授業（教室で授業を受けること）」との違いを述べる必要があるはずです。具体例や体験をたくさん書いても説得力は高まりません。

今回は**意見の説明と具体例の使い方**を学んでください。

In the world today, various cultures are more and more alike as a result of globalization. For example, you can see the same things in almost all big cities in the world. What do you think of the influence of globalization? Write your opinion in one paragraph in English, with one or two examples.

では，日本語で問題文をチェックしておきます。

今日の世界では，グローバル化の結果，さまざまな文化が類似したものになりつつある。たとえば世界のほとんどすべての大都市で同じものを目にする。あなたはグローバル化の影響をどう考えるか？ 1つのパラグラフで，1つか2つの具体例を使って，英語で意見を述べなさい。

問題文をよく読むと，この問題における「グローバル化」とは「世界の文化が似たようなものになっていくこと」だとわかります。

よって，答案に求められているのは1つのパラグラフで**「グローバル化（＝ 世界の文化が似たものになること）の影響についての意見を書く」こと**と**「1つか2つの例を出す」に答える**ことです。

さて，この影響には「良い影響」や「悪い影響」があるはずですが「良い影響と悪い影響」の両方の点があるとも考えられます。

必ずしも「良い」と「悪い」のどちらか一方に決めつける必要はありません。**「良い」と「悪い」の両面があるなら，それを答えにして OK です。**

今回は良い点と悪い点の両方を書くことも，あわせて学んでください。

Step 1 ■質問への答え

私はグローバル化には良い点と悪い点があると思う。

I think globalization has advantages and disadvantages.

(合計 7 words)

では，答えを深化させていきます。「世界の文化を画一化する流れ」について使うべき側面を「人間の側面」の「感情」にするのはどうでしょう？「どこでも同じ」ことが「安心」と同時に「退屈」にもなります。

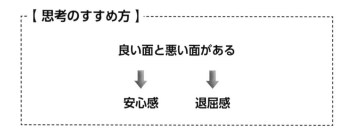

Step 2 ■感情の側面から

私はグローバル化には良い点と悪い点があると思う。**世界中に同じものを見て，私たちは安心するが，また退屈にも感じるだろう。**

I think globalization has advantages and disadvantages. **As we see the same things in the world, we will feel comfortable but also feel bored.**

(合計 24 words)

これで，グローバル化の影響の両面から答案を書く準備が整いました。

では，問題文の指示にもある「具体例」を考えます。「世界に同じ文化」に対して「たとえばどんなものがあるか？」です。

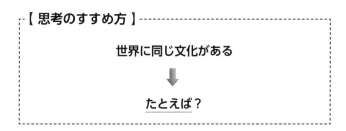

どんな具体例でも OK です。具体例はあくまでも「具体例にすぎない」からです。たとえば「世界の若者が同じような服を着ている」を出したとしてもファッションの詳しい内容を書くわけではありません。

このパラグラフが「グローバル化の良い点と悪い点」をテーマにして書き始めたことを忘れなければ OK。**具体例はあくまでも補助的役割。**

文化と言えば「食文化」があります。ここでは「ファーストフード店」を挙げてみることにしましょう。

Step 3 ■具体例を加えて

　私はグローバル化には良い点と悪い点があると思う。世界中に同じものを見て，私たちは安心するが，また退屈にも感じるだろう。**たとえば，世界中のほとんどすべての都市には同じファーストフードの店がある。**

　I think globalization has advantages and disadvantages. As we see the same things in the world, we will feel comfortable but also feel bored. **For example, we find the same fast food restaurants in almost all cities in the world.**

(合計 40 words)

DAY 9

問題文には「1つか2つの具体例」を挙げることが指示されていますが，もちろん1つでOK。2つ目の具体例を考える時間がもったいないです。またファーストフードの店名（マクドナルドなど）を書く必要はないでしょう。マクドナルドのハンバーガーを詳しく説明することに意味がないからです。

「感情」の側面で答案を続けていきます。どこに行っても「同じものが食べられる」という，とてつもない安心感があります。これは「良い点」ですね。

【思考のすすめ方】

世界中で同じものを食べることができる

それは多くの旅行者に安心感を与える

Step 4 ■良い点を加えて

　私はグローバル化には良い点と悪い点があると思う。世界中に同じものを見て，私たちは安心するが，また退屈にも感じるだろう。たとえば，世界中のほとんどすべての都市には同じファーストフードの店がある。**これは世界中で同じものを食べられることを意味する。それは多くの旅行者を安心させるだろう。**

　I think globalization has advantages and disadvantages. As we see the same things in the world, we will feel comfortable but also feel bored. For example, we find the same fast food restaurants in almost all cities in the world. **This means that you can eat the same food all around the world. It will make many travellers feel comfortable.**

(合計 60 words)

さて，これで「パラグラフのテーマ」である「グローバル化の長所と短所」のうち，「長所」の説明が終了。ここから「短所」へすすみます。

ここで，もう1度問題文をよく読んでみましょう。問題文の **various cultures are more and more alike** の **cultures** に注目。これが答案を深化させるヒントになっています。ぼんやり「文化」を読むのではなく「文化って何だっけ？」を改めて考えてみましょう。

《問題文もヒント》

問題文の言葉が思考のヒントにもなる

ということで「文化」について。文化は「長い時間」をかけて形成されたものです（時間の側面）。それぞれの国の文化は，その国特有のものですね。ファーストフード店によってそれが消えていく。

それは残念なことだと言えます（感情の側面）。

ここから世界中の**ファーストフード店の増加**と**問題点**を考えてみます。

```
┌─【 思考のすすめ方 】- - - - - - - - - - - - - - - -
┆        （問題文の「文化」をヒントに）
┆        ファーストフード店のせいで
┆        世界中の食文化が消滅している
┆                    ⬇
┆        多くの国が自分自身の文化を失っているのは
┆              とても悲しいことだ
└ - - - - - - - - - - - - - - - - - - - - - - - - - -
```

Step 5 ■文化をヒントに問題点の考察

　私はグローバル化には良い点と悪い点があると思う。世界中に同じものを見て，私たちは安心するが，また退屈にも感じるだろう。たとえば，世界中のほとんどすべての都市には同じファーストフードの店がある。これは世界中で同じものを食べられることを意味する。それは多くの旅行者を安心させるだろう。**しかしながら，ファーストフード店のせいで，世界の食文化が消えつつある。だから多くの国が自分自身の文化を失っているのはとても悲しい。**

　I think globalization has advantages and disadvantages. As we see the same things in the world, we will feel comfortable but also feel bored. For example, we find the same fast food restaurants in almost all cities in the world. This means that you can eat the same food all around the world. It will make many travellers feel comfortable. **However, because of fast food restaurants, food cultures in the world are disappearing. It is very sad that many countries are losing their own cultures.**

(合計 85 words)

これで「悪い点」は終了。**答案のポイントは「ファーストフードの詳しい説明」ではなく「文化のグローバル化による影響」の「良い点と悪い点」を説明するようにしていることです。**そして「感情の側面」から「安心」と「悲しい」を対比して意見を述べていることにも注目しておいてください。

では，しめくくりへいきます。

自分の書いた答案を読み直して

全体のしめくくりの文を考える

ということで，最初に使った「退屈感」を使ってみましょう。ただし，しめくくりの文について「自分がすでに書いた文を，まるまるコピーする」のは，あまりオススメできません。

そこで「側面」を切り替えてみます。

未来の側面を使ってみます。「グローバル化が続いていく未来」を想定してみると「ますます安心感は増す」けれど「ますます文化が失われる」です。そこで使いたいのが「バランス／共存」というコンセプト。

【 思考のすすめ方 】

（未来の側面から）

もしも将来グローバル化がすすみ続けると

それは安心感にはつながるけれど

世界が退屈になってしまうだろう

2つの側面のバランスをとることが大切だ

このように「良い点」と「悪い点」を並べて答案を書くときに，どちらか一方に決めるのではなく，**それぞれどちらの点もあるなら「バランスをとる」**というまとめ方ができると思います。参考にしてください。

DAY 9

　私はグローバル化には良い点と悪い点があると思う。世界中に同じものを見て，私たちは安心するが，また退屈にも感じるだろう。たとえば，世界中のほとんどすべての都市には同じファーストフードの店がある。これは世界中で同じものを食べられることを意味する。それは多くの旅行者を安心させるだろう。しかしながら，ファーストフード店のせいで，世界の食文化が消えつつある。だから多くの国が自分自身の文化を失っているのはとても悲しい。**もしもグローバル化が続いていくと，ますます安心することにもなるが，ますます世界が退屈になっていくだろう。それゆえ，これらの2つの側面のバランスをとることが大切だ。**

　I think globalization has advantages and disadvantages. As we see the same things in the world, we will feel comfortable but also feel bored. For example, we find the same fast food restaurants in almost all cities in the world. This means that you can eat the same food all around the world. It will make many travellers feel comfortable. However, because of fast food restaurants, food cultures in the world are disappearing. It is very sad that many countries are losing their own cultures. **If globalization continues, we will feel more comfortable, but the world will be more boring in the future. Therefore, it is important to balance these two aspects.**

(合計 112 words)

ここで使った役立つ表現

- S feel bored：S（人）が退屈に感じる
- S find the same A：S は同じ A に気づく
- S will be more boring：S（物事）がますます退屈になる
- balance these two aspects：これらの2つの側面のバランスをとる

DAY 10 グラフや表の問題に対処する

　英作文には**「表やグラフ」を使った問題**が出題されることがあります。このタイプの問題には大きく分けると**2つのタイプがある**ようです。**1つは「グラフや表の読みとり」だけを問う**もの。このタイプは「意見」を書く問題ではありません。意見を書くと指示違反で「0点」です。**もう1つが「グラフや表から考えられること」を問う**もの。これには「意見」が必要です。ここでは，その2つのタイプをセットにした問題を扱うことにします。

例題 10

　The graph below shows how many years it took for 50 percent of Americans to adopt the new technologies. Summarize what you read from the graph in 30 − 40 words in English for the first paragraph. Next, state what you think based on your summary in 60 − 80 words in English for the second paragraph.

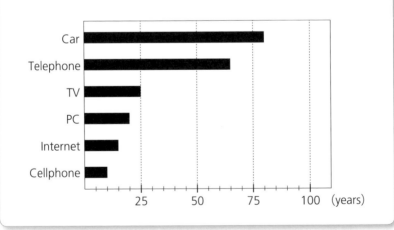

まず，1つ目のパラグラフで，グラフから読みとったことを 30 ～ 40 語でまとめて，そのまとめを踏まえて，2つ目のパラグラフで自分の考えたことを 60 ～ 80 語で書く指示です。

では，日本語で問題文をチェックしてみましょう。

> 　下のグラフは，アメリカの人口の半分が新しいテクノロジーを採用するために何年かかったかを示している。このグラフから読みとれることを，第 1 パラグラフで 30 ～ 40 語の英語でまとめなさい。次に，そのまとめを踏まえて，あなたがどう思うかを，第 2 パラグラフで 60 ～ 80 語の英語で述べなさい。

では「グラフの要約」から。

---《グラフの読みとり①》---

（グラフが表していること）

アメリカ人の半分が新しい技術を

採用するまでに要した年数

場合によっては，グラフに「題」がついていることもありますが，今回は問題文中の "how many years it took for 50 percent of Americans to adopt the new technologies" からグラフの主旨を読みとります。当然ですが，これがグラフの数値などを読みとる前にやるべきことです。では，グラフの内容をチェックしてみましょう。次のことが大切です。

---《グラフの読みとり②》---

（グラフ全体の傾向をまとめる）

新しい技術が出るたびに採用速度が上がっている

DAY10

グラフの読みとりを問われている場合，まず「全体の傾向」をまとめる必要があります。車が50%のアメリカ人に採用されるまでには80年ほどかかっていましたが，携帯電話はたった10年程度ですね。ということは「技術が新しくなればなるほど，採用されるスピードが上がっている」ということになっていることを読みとって答案にします。

なお，グラフの情報は「過去形 / 過去完了」だけでなく「現在形（〜する）/ 現在完了（〜になった）」で表すことが可能です。これは，たとえばグラフを見ながら説明するとき，日本語でも「1950年には人口が増えていますよね」（現在形）と言うのと同じ感覚です。ここでは「グラフの情報はいろいろな時制で表してOK」もあわせて学んでもらいます。

Step 1 ■グラフの全体の傾向から

それぞれの新しいテクノロジーが出現するにつれて，それ（＝それぞれのテクノロジー）が50%のアメリカ人によってどんどん速く採用されていく。

As each new technology appears, it is adopted faster by 50% of Americans.

(合計 13 words)

ここは「現在形」を利用してまとめておきました。もちろん，過去形でもOKです。

全体の傾向をまとめたら，次は各項目の読みとりへすすみます。そこで重要なのが「とくに目立つところ」を取り上げることです。

グラフは「もっとも伝えたいことを目立たせるために作成されたもの」ですから，グラフの要約は，各項目のすべての情報をまとめるのではなく「目立つところ」にしぼって答えます。今回は要約が 30 〜 40 語なので「ざっくりで OK」です。指定語数が多くなれば「もう少し情報を加えればよいだけ」です。

では，グラフを見てみます。すると「車と電話」と「テレビ以降」とで，まったく採用速度が変わっています。ここが「もっとも目立つところ」ですね。そして「携帯電話」は最速の 10 年です。これをネタにしましょう。

┌─《グラフの読みとり③》────────────────────────

（目立つところにしぼる）

・**テレビが発明されて以来テクノロジーは劇的に速く採用された**

・**携帯電話は 10 年しかかかっていなかった**

└──

Step 2 ■目立つところから

　それぞれの新しいテクノロジーが出現するにつれて，それ（＝それぞれのテクノロジー）が 50％のアメリカ人によってどんどん速く採用されていく。**テレビが発明されて以来，テクノロジーは劇的に速く採用されてきた。携帯電話はわずか 10 年で採用され，それは車より 70 年速かった。**

　As each new technology appears, it is adopted faster by 50% of Americans.　**Since TV was invented, the technologies have been adopted dramatically faster.　Cellphones were adopted in only ten years, which was 70 years faster than cars.**

（合計 38 words）

時制は現在完了と過去形を分けておきました。また，which（コンマと関係代名詞）で「それは車より 70 年速かった」を補足的に加えておきました。

さて，ここで 2 つチェックしておきたいことがあります。1 つは in only 10 years です。この in は「経過時間」を表しています。「たった 10 年が経過して」ですが，シンプルに訳せば「たった 10 年で」です。もう 1 つが 70 years faster です。比較級に数値を加えれば「どのくらいの差なのか」を伝えられます。70 years faster は「70 年の差で速く」となります。

以上で「グラフの要約」の第 1 パラグラフは終了です。

次に，問題の指示に従って第 2 パラグラフのために **「この読みとりを踏まえて，考えられることは何か？」** を考えましょう。いったい何を書けばよいのか？

《グラフや表から考えて書くポイント》

なぜそうなっているのか「理由」を考える

ここで，**必要なのが「理由」を考える**ことです。たとえば，車は一般のアメリカ人に浸透するのに約 80 年ほどかかっています。電話も 65 年ほどかかっていますね。しかし，テレビは 25 年，携帯電話は 10 年。

これはなぜか？

「理由」を考えます。時代がすすむにつれて，技術が向上しますね。技術が向上すると，多くの人がそれを買うことができるはずです。

それはなぜか？

「理由」を追求していくわけです。多くの人が，日頃はこういうことを考えていないので，よい思考訓練になるはずです。

もちろん，1つは「お金」ですね。より速く，より多く作ることができれば，安くなるはずです。安くなれば，当然，多くの人が買えます。**もう1つが「感情 / 想い」**でしょう。より多くの人が持っていれば，持っていない人が欲しいと感じるはずです。余談ですが，携帯電話が世の中にはじめて出現したとき，1台数十万円のプライスがついていました。

では，**この2つの側面（お金 / 感情）を利用**してみましょう。

まず，**お金の側面**から考えます。

【 思考のすすめ方 】

なぜ新しい技術ほど速く採用されるか？

（理由）

・**技術が進歩するにつれて製品が速くたくさん作られるようになる**

・**その結果，製品のプライスが安くなる**

これを答案にしてみます。

DAY10

Step 3 ■お金の側面から

技術が進歩するにつれて，より多くの製品がより速く作られるようになるだろう。その結果，製品が安くなる。

As technologies are improved, more products can be made faster. As a result, the products are more inexpensive.

(合計 18 words)

inexpensive（値段が安い）に注目してください。この形容詞は「値段が安い」という意味です。つまり，price（値段）の意味を含んでいる言葉。もしも「安い」に cheap を使うなら，the prices of products are cheaper とします。cheap の主語には the price of A（Aの値段）が必要なのです。

では，次の側面である「感情 / 想い」を使って「理由」を考えてみます。値段が安くなれば，多くの人が買い始めます。これは自然なことです。多くの人が持ち始めると，持っていない人が「欲しいと感じる」はず。「みんなが持っているなら，私も買う」は人間の自然な感覚です。

【 思考のすすめ方 】

より多くの人が買えるようになる

（感情 / 想いの側面から）

その製品を持っていない人も必要だと感じる

このように「自分の考えを書く」となったら，どのようなタイプの問題であっても，側面を利用しながら，説得力を高めていくことができます。気をつけるべきことは，問題文をしっかり読みとることです。

Step 4 ■感情 / 想いの側面から

　技術が進歩するにつれて，より多くの製品がより速く作られるようになるだろう。その結果，製品が安くなる。**より多くの人がそれらを買うにつれて，それらを持っていない人たちが，それらが必要だと感じるようになる。**

　As technologies are improved, more products can be made faster. As a result, the products are more inexpensive. **As more and more people buy them, people who don't have them will feel they need them.**

(合計 35 words)

これで指定語数（60 〜 80 words）の半分をクリアしました。お金と感情の関わりも，つねにネタにする準備を整えておきましょう。

さて，もう半分をどうするか？ ここで，グラフをもう1度，チェックしてみます。**ネタに困ったら問題をヒントにできないか？** です。そこで，グラフや表を作成する目的をチェックしておきます。重要なことです。

《グラフや表を作成する目的》

差異や類似点を見やすく伝える

このことを知っておくことで，**グラフや表の問題に対処しやすくなる**はずです。劇的に普及速度が速まった**「PC，インターネット，携帯電話の3つに共通する要素」**はないでしょうか？

3つに共通するのは**「情報ツール」**であることです。これを**「類似点 / 共通項」**として，答案に組み込むのはどうでしょうか？

---【 思考のすすめ方 】----------------------------------

（グラフの観察から）

PC / Internet / Cellphone

・情報入手と伝達が自由にできる

・現代社会の必需品となっている

ますます速くより多くの人が手に入れる

Step 5　■グラフの観察から

　技術が進歩するにつれて，より多くの製品がより速く作られるようになるだろう。その結果，製品が安くなる。より多くの人がそれらを買うにつれて，それらを持っていない人たちが，それらが必要だと感じるようになる。**パソコン，インターネット，携帯電話によって，人は情報を得たり，送ったりすることができる。これらは現代の社会の必須ツールである。だから，そのことがますます速く多くの人がこれらを手に入れた理由だと思う。**

　As technologies are improved, more products can be made faster. As a result, the products are more inexpensive. As more and more people buy them, people who don't have them will feel they need them. **People can get and send information by PCs, the Internet, and cellphones. These tools are necessary in modern society. So I think that is why people got them faster and faster.**

(合計 66 words)

これで指定語数はクリアです。けれども，もう１つだけ文を加えてしめくくりにしてみます。「未来の側面」を使えることの確認です。

この後，仮に何らかの新しい技術製品が出現したらどうなるか？

2つの未来が予想されます。

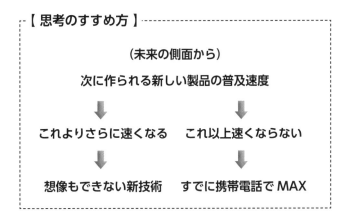

これは「どちらが正解」ということではないでしょう。未来は予測でしかないからです。ここでは現実的に考えて「携帯電話よりも速く採用される製品は出現しないかもしれない」でしめくくってみます。

しめくくりの1文 ■未来予想

将来，携帯電話よりも速く採用される製品はないかもしれない。

In the future, there might be no products which are adopted faster than cellphones.

(合計 14 words)

これを加えれば，最終的に第2パラグラフは合計80語となります。

　それぞれの新しいテクノロジーが出現するにつれて，それ（＝それぞれのテクノロジー）が50％のアメリカ人によってどんどん速く採用されていく。テレビが発明されて以来，テクノロジーは劇的に速く採用されてきた。携帯電話はわずか10年で採用され，それは車より70年速かった。

　技術が進歩するにつれて，より多くの製品がより速く作られるようになるだろう。その結果，製品が安くなる。より多くの人がそれらを買うにつれて，それらを持っていない人たちが，それらが必要だと感じるようになる。パソコン，インターネット，携帯電話によって，人は情報を得たり，送ったりすることができる。これらは現代の社会の必須ツールである。だから，そのことがますます速く多くの人がこれらを手に入れた理由だと思う。将来，携帯電話よりも速く採用される製品はないかもしれない。

　As each new technology appears, it is adopted faster by 50% of Americans. Since TV was invented, the technologies have been adopted dramatically faster. Cellphones were adopted in only ten years, which was 70 years faster than cars.

　As technologies are improved, more products can be made faster. As a result, the products are more inexpensive. As more and more people buy them, people who don't have them will feel they need them. People can get and send information by PCs, the Internet, and cellphones. These tools are necessary in modern society. So I think that is why people got them faster and faster. In the future, there might be no products which are adopted faster than cellphones.

(合計 118 words)

- As S′V′ ～ , SV ～ : S′ が V′ するにつれて，S は V する
- be adopted (= be used) : 採用される，使われる
- dramatically faster : 劇的に速くなっている
- S is more inexpensive : S は値段がより安くなる
- More and more people V ～ : ますます多くの人が V するようになる
- modern society : 現代社会
- That is why S′ V′ : それが S′ が V′ する理由だ

DAY10